JN058246

イラストで学べる
地域通貨のきほん

大澤佳加 　為田洵＝イラスト

BYAKUYA
BIZ BOOKS

はじめに

　みなさんは地域通貨を使ったことがありますか？

　お店で何かを買ったり、公共料金を支払ったりするときに使うお金——硬貨であれ、紙幣であれ、電子マネーであれ、それらはすべて「円」です。世界の基軸通貨の一つ、「日本円（JPY）」です。

　一方、地域通貨は特定地域での流通を目的にした、地域限定のお金です。円のように日本全国どこでも使えるわけではありません。ちょっと不便？なお金です。そんな地域通貨が何度かのブームを経て、あらためて注目を集めています。

　はじめまして。香川県で「めぐりんポイント」という地域通貨を運営するサイテックアイ株式会社の大澤佳加と申します。

　地域通貨と言いましたが、私は地域ポイント屋です。経済学者でもなければ、システムエンジニアでもありません。

　12年前に設立した当社は、民間のポイント運営会社としてスタートしました。今でこそ、「地元のために役立つ地域ポイント」というビジョンを元に運営していますが、それは設立してしばらく経ってからのことでした。

　「めぐりんポイント」は、素人が始めた民間主導のポイントサービスだったため、なかなか軌道に乗ることができず、数年間、経営状態は最悪でした。

　当時の私は会社の代表ではなく、新規加盟店開拓の営業として日々活動をしていました。毎日お店に訪問し、ポイント

サービスに加盟していただくための営業を行っていましたが、当時の記憶をたどると、心と頭と体は一致していなかったように思います。

「地域通貨（ポイント）で地域を活性させる」ということが、きれいごとに思えて腑に落ちていませんでした。今ふり返ると、その原因は2つあると思っています。

一つは、地域通貨そのものが地域を活性化させるという誤った認識です。地域通貨は主人公ではなく、地域を活性化させるための「つなぎ」のわき役でなければなりません。もう一つは、目的と手段を一緒にしてしまっていたこと。当時は、営業をして加盟店を増やすということが目的になっていました。加盟店数は目的ではないのです。

加盟店は、地域のお金を地域で循環させるための受け皿になってもらう場所づくりで、目的は協力者を集め、地域内で補完しあう仕組みを作り「地域通貨を使って地域の課題を解決し、住民生活を豊かにするための仕組みづくりを行うこと」。それが目的です。

それに気がつくまで、なんと10年間もかかってしまいました。

地域通貨事業を始めて13年目になりますが、今ほど世の中に地域通貨が必要だと感じることはありません。新型コロナウイルスの感染拡大により、日本経済に大きな影響を与え、デジタル化によって新しい生活様式の一つの手段として注目されるようになったことが大きな要因です。

そんな中、私が特に注目したのは、経済対策の一環として全国民に1人当たり10万円の給付金が配られたことです。事

業費の総額は12兆8802億9300万円にものぼり、私が住む香川県の人口は94万5763人（令和3年5月1日現在）ですから、約945億円の給付金が香川県内にあったことになります。

　お金に名前はついていませんから、どのくらいの額が貯蓄に回ったのか、ネットをはじめ域外にどのくらいが流れていったのかを正確に数値化するのはむずかしい。でも、現在の世情を考えると、地域内の消費活動には使われず、ネットによる消費や貯金に回っているのではないかということが容易に想像できます。

　もし、デジタル化された地域通貨に有効期限を設定し、域内で利用できるインフラ（受け皿）があったらどうでしょう。余分なコストと手間をかけなくても、スピーディーに、莫大な金額を地域で消費させることができたはずです。仮に半年間で全金額が香川県内で使われたら？　地域はかなり潤ったに違いありません。

　そのほか、行政から拠出されている子育て支援金や交通助成、転居祝い、ボランティア活動費、企業から社員に向けて渡される健康増進のインセンティブ（福利厚生）など、住民に向けて支払われているさまざまなお金を地域通貨でつなぎ、域内消費を促すことで、経済的困難な状況に陥っている地方にとって、もっと補い合う豊かな地域を作るきっかけになると考えています。

「地域活性化」。それはすばらしい理念、想いだと思いますし、私たちも目指している目的地の一つです。しかし、理念だけで物事を継続することは困難で、事業が成り立たなければ「絵に描いた餅」になってしまいます。実際、持続可能な

経済活動を想定した取り組みでなければ、事業としては継続できません。地域通貨事業には論語と算盤の2輪どちらも欠かすことはできません。

　本書は、多くの失敗をしながらも、12年間地域ポイント事業を継続してこられた体験をもとに書かれています。地域通貨事業に興味がある人はもちろんのこと、地域を元気にしたい一般の人など、誰でも地域通貨のことがすっきりわかる構成を心がけました。
・PART1　お金の基本
・PART2　地域通貨の基本
・PART3　地域通貨でよく誤解されることと、成功するためのルール
・PART4　地域通貨を始めるための具体的なプロセス
・PART5　香川県の地域通貨「めぐりんポイント」についての解説
　また、本書は一貫して、一つの項目を3〜4ページ程度でまとめています。気になる項目を拾うことも容易ではありますが、PART1から順にお読みいただくことで、理解はグッと深まるはずです。
　全国で地域を活性化しようとがんばる皆様の一助になればと思います。

　令和3年6月

　　　　　　　　　　　　　　　　　　　　大澤佳加

CONTENTS

PART 2
地域通貨とは何か？

PART 3
地域通貨で失敗しない条件

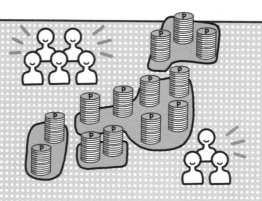

補助あり

自治体

PART 4
地域通貨のつくり方

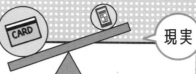

現実

理想

PART 5
実例で見る、
地域通貨の実践と運用

PART 1

お金とは何か？

01 お金の役割は3つ

POINT

1 **価値尺度(モノの値段を示す)。**

2 **交換手段(支払機能)。**

3 **価値貯蔵手段(資産の保存)。**

お　金という概念が生まれる前は、物々交換が行われていました。塩と魚を交換する、リンゴと靴を交換するといった具合に、自分の持っているものと相手の持っているものを交換していました。

　ところが、この方法では必ずしも自分が欲しいものを手に入れられるとは限りません。お互いの欲しがるものが一致しないこともあるからです。また、リンゴ1個と靴1足では価値が釣り合いません。そこで、物の価値の基準となるものを決めることで、物々交換がしやすくなるようにしました。

　それがお金のはじまりです。最初は今のようなお金ではなく、塩や貝といったモノが使われていたようです。

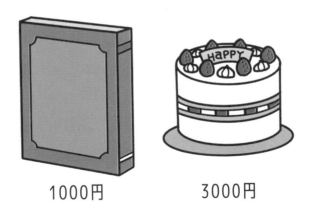

1000円　　　　3000円

　さて、ここからわかるとおり、お金はモノの値段を示すことと、支払機能という役割を担っていることがわかります。お金を渡すことで魚やリンゴ、靴、車、家、土地などを手に入れることができます。そしてそれができるのは、自分が欲しいモノに対して、どれだけのお金を払えば手に入れられる

のか、誰でも理解できる形で示されているためです。

　お金は自分が欲しいモノと交換するだけでなく、必要に応じて貯めることもできます。リンゴは腐ってしまったら価値がなくなります。でも、お金は腐らないので、ずっと価値を保つことができ、いつでも好きなときに自分の欲しいモノと

交換できるようになるわけです。

　ここまでをまとめると、お金には３つの役割があることがわかります。

１ 価値尺度（モノの値段を示す）
２ 交換手段（支払機能）
３ 価値貯蔵手段（資産の保存）

　そしてこの役割を果たすためには、腐らずに長く貯蔵できる、持ち運びできるものであることが重要です。

　腐らずに長く貯蔵できることは、すでにおわかりでしょう。もう一つ、持ち運びできることがなぜ重要なのでしょうか。

　お金は経済の血液と言われ、お金がちゃんと回らないと経済が回らないためです。お金は持ち運びができる——つまり流動性が高いからこそ、人から人へと簡単に渡る（お金が回る）のです。あなたが1万円をお店で使えば、それがお店の仕入代金や従業員の給料として使われ、さらに、仕入先の会社や、給料をもらった従業員がまた使う……というふうに、どんどん社会でお金が回っていくというわけです。

　お金がしっかり回らないと、GDP（国内総生産／一定期間内に国内で新たに生み出されたモノやサービスの付加価値）も伸びなやんでしまい、現在の日本のように国全体の経済も停滞してしまうことになります。

お金は信用によって成り立っている

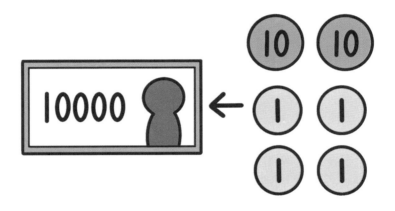

POINT

1 **1万円札の原価は約24円。**

2 **1万円を1万円として使えるのは「信用」があるから。**

3 **中央銀行の役割は金融政策**

私たちがふだん使っているお金（日本円）には紙幣と硬貨があります。紙幣は1万円札、5000円札、2000円札、1000円札があり、硬貨は500円玉、100円玉、50円玉、10円玉、5円玉、1円玉があります。

　よくよく考えてみると不思議なことに、1万円札そのものに1万円の価値があるわけではありません。実は、原価は100円玉で15円程度、1万円札でも24円程度。それが100円の価値、1万円の価値として流通するのは、誰もが1万円札に1万円の価値があると認めているからです。

　お金を作っているのはその国の中央銀行です。日本は日本銀行、アメリカはFRB（連邦準備理事会）です。日本銀行が発行したお金が100円、1万円として認識され、10年前も今日も、そして10年後も100円は100円として、1万円は1万円として使える。そんな信用があるからこそ、私たちはお金を使うことができています。

　お金は、国内の生産活動によって価値が裏付けられるという考え方のもとで制度化されています。たとえば、会社が事業を行うとき、運転資金を金融機関から借り入れします。このとき、「信用創造」によって貨幣が生み出されます。

　そして、企業は生産活動を行うときに、社員の給与や、原材料の購入代金の支払いなどに、借り入れたお金を使います。そして、これらの生産活動によってさらに原材料が作り出されるという構図です。また、借り入れたお金で作った商品の売上代金で、金利とともに金融機関へ返済します。

　つまり会社は、借り入れたお金によって生産活動を行い、

その価値に等しい商品が市場に存在していることになります。ですから、この市場に並んでいる商品がお金の価値を保証しているわけです。そして、現在の日本では、納税と給与の支払いは、原則として日本銀行の発行する紙幣か民間銀行の預金通貨でなければ支払うことができません。

　現在、世界にはアメリカドル、ユーロ、日本円などの国際通貨があります。もちろん、ほかにもたくさんの種類のお金がありますが、世界中の人々がこれらの生産活動によって価値が裏付けられる、つまり信用創造という考え方で制度化したお金を信用しているためです。

　その昔、お金の信用は「金本位制度」によって保証されていました。つまり、各国の政府が「金といつでも交換できますよ」という保証をしていたので、人々はそれを信用して、お金を使ってきました。ただ、金（資源）には限りがありますから、金本位制度は廃止され（日本は1932年）、その後は政府や中央銀行に対する信用がベースとなったのでした。

　中央銀行の業務にも少し触れておきましょう。中央銀行が相手にしているのは、一般の企業ではなく民間の銀行です。

　中央銀行は印刷したお金を、民間の銀行に搬入します。そして、民間銀行から私たちの手に渡ります。中央銀行は、民間の銀行にお金を入れたり出したりしながら、お金が市場で回るように調整（金融政策）しているのです。

　日本銀行は「日本銀行法」によってお金を発行し、日本経済の舵取りをしっかりと行っています。

03 お金がたくさんあるって、どういう状態？

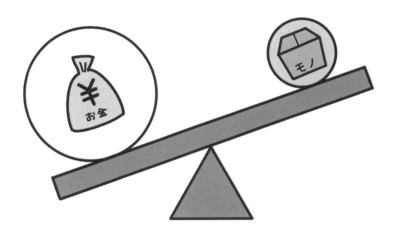

POINT

1　インフレは物価⬆、お金の価値⬇、お金の量⬆

2　デフレは物価⬇、お金の価値⬆、お金の量⬇

3　理想はゆるやかなインフレ。

景 気をよくするためには市場でお金が回ることが大事
だとお話ししました。その理由を物価と暮らしとい
う観点から考えてみたいと思います。

　物価とは、世の中のモノやサービスの値段を表したもので、
私たちの生活と密接に関係しています。

　この物価が上がることをインフレと言い、物価が下がるこ
とをデフレと言います（デフレについては26ページ）。物価
上昇はモノやサービスの買い手が多くなる、「欲しい！」と
いう需要が多いときに起こります。2020年、マスクが全国
的に品薄になったことは記憶に新しいでしょう。それまでは
1箱500円で購入できたのに、みんなが欲しがった結果、
3000円を超えるようになってしまいました。

　このように、モノやサービスの値段とお金の価値は相対関
係にあります。一般的には物価が上がるとお金の価値は下が
り、市場に出回るお金の量は増えます。逆に物価が下がると、
お金の価値が上がり、市場に出回るお金の量は減ります。

　たとえば、日本銀行が目標としている2パーセントの物価
上昇が実現したと仮定して考えてみましょう。年率2パーセ
ントで物価が上昇したとすると、現在200万円の車は5年後
には220万8000円になります。逆に、年率2パーセントで物
価が下がったとすると、5年後には180万7000円になります。
現金200万円は現在も5年後も200万円のままです。

　つまり、インフレになった5年後ではモノやサービスの値
段が上がるため、200万円の現金では車を購入できませんが、
一方で、デフレになった5年後には余裕を持って車を購入で

きることになります。

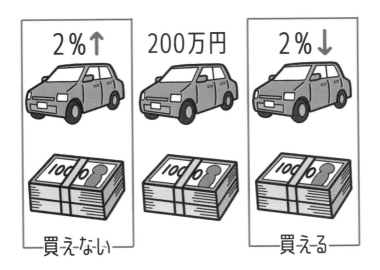

　これが、インフレではお金の価値が下がり、デフレではお金の価値が上がるということです。このことから一見、インフレは悪いことでデフレはいいことのように見えます。

　実際、インフレは国民の暮らしに「不公平感」を作り出すから反対だと言う人がいます。一生懸命働いて手に入れた給料や退職金が、インフレのためにどんどんその価値が下がってしまえば、老後の生活が心配になるでしょう。

　逆に、土地をたくさん持っている人は、インフレになると資産の値段が上がり、一気にお金持ちになることも考えられます。昔から「土地成金」と言われるほど、インフレは金融資産の価値を減少させ、実物資産の価値を高めるという働きがあります。そのため一般的にインフレは「社会の敵」「社

21

会に不公平を作り出す」と言われることが少なくありません。

　このような理由から、インフレは個人資産の視点から考えると社会悪ですが、国の経済を活性化させるというマクロ的な観点では、その評価は一変します。

　インフレは物価を高め、企業の利益を増大させ、それにより企業の設備投資や雇用が増え、結果として国の経済を成長させる原動力になるのです。

　さらに、企業の利益が増えれば従業員の賃金が上がり、消費活動が活発になり、「有効需要の増大」が実現し、経済水準は上昇します。もちろん、お金の過剰供給で発生するハイパーインフレのような、国を滅ぼす異常なインフレは問題外ですが、経済を再生するための数パーセントのインフレは、経済成長を促すためには欠かせないことなのです。

04 よいインフレの状態にするには、何をすればいい？

大きな政府

小さな政府

POINT

1 **公共投資（財政出動）によって仕事を作る。**

2 **政府による経済への干渉を小さくして企業に稼いでもらう。**

3 **日本は財政赤字から抜け出せる？**

インフレ状態を実現するために、政府は重要な役割を担っています。その一つが、仕事を作ってどんどんお金を使う公共投資です。もし政府にお金がなければ、借金してでも公共投資を促進させようとします（いわゆる「赤字国債」）。橋や鉄道、道路の整備など、国民が生活するのに必要な公共施設を作り、人を雇用することで賃金が上がり、人々が物を買うようにさせようというねらいで、このような政策をとる政府を「大きな政府」と言います。

　その結果、1968年に日本のGDPはアメリカに次いでナンバー2になりました。アメリカも同様の政策によって世界の富の大半を手中に収め、「アメリカがくしゃみをすれば世界は肺炎になる」と言われるほどの強国になりました。

　ところが1973年には、ベトナム戦争で実質的にアメリカは敗北し、さらに日本との間の貿易赤字により、アメリカ経済は財政と貿易の「双子の赤字」状態に陥り、有効需要の増加を見込めなくなりました。

　そこで、「人間の経済活動の主要な活動である生産の拡大こそが経済を活性化させる」という供給重視の考え方が出てきました。企業が自由に経済活動をし、人間の何らかのニーズを満たす商品の供給を増大させれば、国の経済は自然に活性化するというものです。

　企業活動の自由度を高めるためには、政府の経済への干渉をできるだけ抑えなければなりません。これを「小さな政府」と言います。

　さらに、経済をコントロールするには財政政策ではなく、通貨の量をコントロールする政策（通貨の供給量を重視する）が主流となり、1970年代の世界経済が救世主を待ち望んでいる時代に、この通貨政策が注目されました。

　ところが、20世紀末から21世紀にかけて世界経済は構造的な大不況に見舞われ、経済の安定化のための通貨のコントロールが効かなくなってしまいました。そこで、国の経済を運営するのは、通貨のコントロールよりも財政出動のほうが効果は大きいと思われるようになり、あらためて有効需要の拡大路線に舵を切り始めました。日本もその例外ではなく、約20年という長期のデフレ状態に陥り、そこから抜け出す方法として、財政主導の経済政策がとられるようになりました。
　その結果、世界の歴史において、これほど財政赤字を敢行している国はありません。その上、マイナス金利導入という「貨幣政策」を取り入れても、日本経済は一向に浮上しない中、どのような財政・金融政策を行うべきかを考える必要があります。

05 お金がないとどうなる？

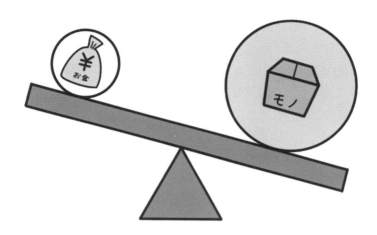

POINT

1 モノやサービスが売れない。

2 企業の業績が下がり、給料カットやリストラが増える。

3 借金も増える。

デフレは、モノやサービスの値段が下がることを言います。インフレとは逆で、物価が下がり、お金の価値が上がります。

　物価が下がれば、生活費が安くなります。買い物をするとき、モノやサービスが安いのに越したことはありません。

　現在の高齢者人口は、全体の3分の1以上を占めていますが、この超高齢社会の中で生活水準を維持できる、年金で生活できるのは、物価がそれほど上がらないからとも言えます。

　経済の停滞が続く中で、私たちが日々の生活を維持できているのは、物価が下がっているからと言えるのです。

　ところが、物価が安くなるからといって、デフレがいいわけではありません。

　デフレには、物価が下がると消費が冷え込み、経済も落ち込むという恐ろしい側面があります。この状態が長く続くと「不況」という状態に陥るので、物価が下がるのは悪いことであるとも言えます。

　そのメカニズムはこうです。

・モノやサービスの値段が下がる。
・企業の売上が減少して業績が悪化する。
・従業員の給与が減る。
・給料が減ると節約するようになり、ますます買わなくなる。
・企業の業績がさらに悪化し、従業員をリストラする。
・失業者が増えると国の税収も減る……。

　この状態をデフレスパイラルと言います。日本はこの30年

間、物価がほとんど上がらず、年2パーセントのインフレ率
も達成していません。

　また、デフレはお金の価値が上がるため、借金をしている
人は負担も重くなるので、経済的に苦しい人をさらに追い込
むことになります。これは個人だけでなく、国も同じです。
現在、日本の借金は過去最大の1216兆4634億円（2020年度
末）と言われていますが、デフレになればなるほど、借金が
増えていくのです。
　デフレになると市場でお金が回らなくなり、経済はどんど
ん停滞します。そして、経済が行き詰まると、社会不安も発
生してしまいます。「お金がない」「仕事がない」そんな不安
が社会を覆ってしまうのです。

06 地方から ドンドン出ていくお金

POINT

1　最も大きな問題は人口減少と少子高齢化。

2　お金は人が循環しているところに集まる。

3　お金は金融資産になった。

日本が現在直面している最も大きな問題は、人口減少と少子高齢化です。全国共通の問題ですが、特に地方においては急速に進んでいます。

　この状況を打開するのが「定住自立圏構想」です。地方圏からの人口流出を止めた上で、地方へ人が流れる仕組みを作ろうという考えです。

　その一つの施策に地域通貨が有効だと私は考えていますが、まずは人口流出が地方にどんな影響を与えるのか見ていきましょう。

　簡単に言うと、人とともにお金も出ていくことで、地域経済、コミュニティーが衰退するということです。

　人口の流出に伴ってお金が出ていくと、地域の企業は業績が悪化し、従業員の給料も下がり、失業者も増えてしまいます。

　これまでは、物価の違い——地方では生鮮食品などは輸送費がかからないことから、大都市に比べて安価に購入できたり、物価は購買力の大小に影響されるため、所得の多い大都市では高くなる傾向にある——や、国からの支援（24ページで触れた財政出動）もあったため、それほど表面化しなかったかもしれません。

　ところが、地元から工場がなくなり、大型店舗が撤退し、昔は街の中心地だった商店街がシャッター通りになるなど、例に挙げるまでもなく、多くの人が実態を目の当たりにする事態となっています。人とお金がなくなることで、人間が生

活する上で必要な要素がそがれていってしまうわけです。

　また、お金の「利用先を限定できない」という特徴が、地方の疲弊を加速させていることも見逃せません。お金は日本全国どこでも使うことができる便利さゆえに、2つの問題も抱えています。

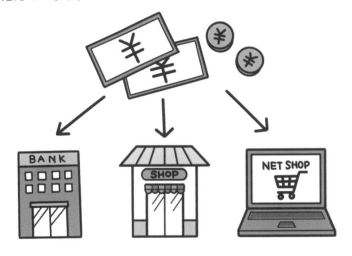

　1つ目は、お金はたくさんあるところに集まってしまうこと。

　たとえば、大型ショッピングモールの登場によって、商店街が衰退したという話はしばしば聞く話ですが、なぜ大型ショッピングモールに人が集まるのかというと、労働力、仕組づくり、商品開発力など、あらゆる部分に手間がかかっています。日々、お客様が集まる仕組みを作っていて、そこにはあらゆる叡智が詰まっているわけです。そしてそれは、大資本があるからこそできることです。

シャッター通りと比べれば、どちらに人が集まるかは一目瞭然です。昔は街の中心にあった商店街から、大型店に人が流れていくさまは、たくさんの地域で目にしてきた光景だと思います。便利で品揃えも豊富ですから、誰もが楽しみながら買い物し、雇用も生まれ、大型店のおかげで町も活性化するケースもあります。しかし、全国的な人口減少と少子高齢化によって購買力が下がったり、競合店との競争が激しくなるにつれ、たとえ大型店であっても収益が減少していきます。

　そうなると、大型店といえども、移動（撤退）してしまうケースもあり、その結果、そこで生まれた雇用も、お金も地域から出ていってしまいます。

　少し視点を変えて考えてみると、自分の商店街のことだけを考え、売上が上がらないことを大型店のせいにしている商店街の店主がいる地域は、大型店が本当に撤退したあと、自分たちも撤退せざるをえない状態に追い込まれます。自分で自分の首を絞める状態になり、最終的に町全体を衰退させてしまうのです。本当に町のことを考えられる商店街の店主がいる地域は、大型店や異業種の事業者と共生する道を模索するなど、結果として町全体が活性化します。

　そして、今や商店街の本当のライバルは大型店ではなく、Amazonや楽天といったネットショップです。新型コロナウイルス感染拡大の影響もあり、リアル店舗での買い物がますます減っている中、個人商店がネットショップよりも魅力的

な商品を集め、誘
客を図ることは簡
単ではありません。
お金を域内循環さ
せるためには、顧
客視点に立ち、リ
アル店舗同士の協
業で町を盛り上げ
ていく方法が何か
ということを冷静

に判断する必要があると思います。

　2つ目は、お金が金融資産になったことです。

　もともと、お金は交換の媒体、流通の一つの道具だったの
ですが、次第に資産としての価値が注目されるようになりま
した。お金の役割の一つに価値貯蔵手段があり（13ページ）、
結果として資産という考えが生まれたのです。そして、いざ
というときのために蓄えるだけでなく、お金を借りたい人に
お金を貸して利子を得たり、投資したりすることで、お金で
お金を生むことができるようになりました。

　富裕層と貧困層の格差がどう生まれるかというと、金融会
社はお金を持っている人をターゲットにするし、お金を持っ
ている人はお金を貸す（投資する）ことでさらに豊かになる。
貧しい人は借りたお金の利息を払うためにますます苦しくな

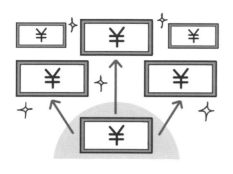

る。

フランスの経済学者、トマ・ピケティは著書『21世紀の資本』の中で、格差についてこう書いています。

「格差拡大の根本的な原因は、「収益率＞経済成長率」である。資本を持つことから得られる収益率と経済の成長率、この2つの差が人びとに貧富の差をもたらす最大の要因だ」

　資本とは、株や証券、不動産などの金融資産のことです。「金持ち」は、経済が進めば資本保有から利益が得られるわけです。実際、株式相場が上昇すれば、会社へ行って働かず、家にいるだけで大金が入ってきます。お金がお金を呼ぶ構図です。

　一方、労働者は勤めている会社から賃金を受けますが、会社の業績が向上しないかぎり賃金は上がらないので、労働者は低い生活水準のままになってしまいます。

　以上のように、お金は利用先を限定できません。地域の経済を活性化させるには、地域内でお金を回すことが必要なのに、貯蓄や投資に回っていては、いつまで経っても地域経済が活性化することはないのです。

07 漏れバケツ理論と地域通貨

POINT

1 地域に入れることよりも出ていくことを防ぐのが先決。

2 地域通貨はバケツの穴をふさぐテープのようなもの。

3 「何となく」では地域通貨は成功しない。

地

方から人口が流出することで、お金もどんどん出ていってしまう——それならたくさん稼ぐ（入れる）ことに力を入れれば？と思う方もいるかもしれません。

しかし、地域内でどれだけお金を稼いでも、そのお金が地域の外へ出て行ってしまったら、なかなか豊かにはなりません。

どれだけ移住者を増やしても、企業を誘致しても、観光客を呼び込んでも、稼いだお金が外へ流れていってしまっては意味がないのです。まず取り組むべきは、出ていくお金を止めることです。

「漏れバケツ理論」をご存じでしょうか。

地域の外にお金が出ていくことを、バケツから水が漏れることにたとえたものです。一生懸命、水をバケツに注いでも（お金を稼いでも）、穴が空いたバケツでは水が漏れてしまう（地域の外にお金が出てしまう）。だから、バケツの穴をふさぐことが大事というわけです。

テレワークで大都市の企業に勤め、たくさんお金を稼いでも、地元の商店街ではなくAmazonでモノを買う。地元の人気レストランが仕入れる食材を輸入品など地域外に頼っていては、地域経済の活性化にはなかなかつながりません。

では、穴の開いたバケツはどうやってふさげばいいのでしょうか。

稼いだお金が地域内のお店や会社で使われるためには、どうすればいいのでしょうか。

　これが実現できれば、地域経済を潤す、大きな一歩を踏み出すことができます。

　その手段として期待されているのが、地域通貨なのです。

　ただし、地域通貨を作ればすべて解決できるわけではありませんが、地域活性化の一つのきっかけになることは間違いないでしょう。

　自分たちの地域の経済はどのくらいの大きさのバケツなのか？

　本当にお金を流さなければいけない場所はどこなのか？

　どのくらいのお金が、誰に必要なのか？

　こうしたことがわからないまま、「何となく地方創生だ」と、地域通貨を作ろうと思っては間違いなく失敗します。

　地域通貨は成功させるのが非常にむずかしい取り組みです。その理由を含めて、PART2からは地域通貨の特徴を解説しますが、そもそもお金がどういう役割と機能、そして影響を持っているのかを知っておくことが前提です。

　ふだん何気なく使っているお金が、実は実体経済にとっては必ずしもいいことばかりではないのです。

08 新たな通貨システムが求められている

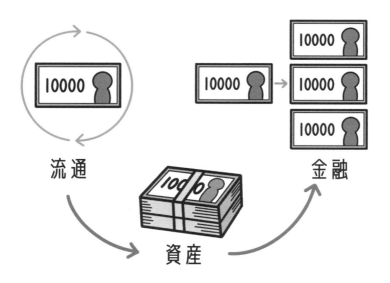

流通

資産

金融

POINT

1 お金の流通が滞ると経済が破綻する。

2 円は分断、対立、格差を生む。

3 共生社会を築くための別のシステムが求められている。

P ART1の最後に、補足として、地域通貨が求められる
ようになった背景を掘り下げます。

お金が金融資産になったことは、私たちの経済にとって重要な意味を持ちます。世の中には、生活の中で流通するお金と、投資や投機などのように数字上の実態のないお金があります。お金は歴史的に見て、流通という性質から、資産という性質を持つようになり、実態のない投資や投機といったお金がお金を生む金融システムができあがりました。

これにより、労働所得（給与）より資産所得（利子や配当）が多い人がお金持ちと言われるようになったのです。

しかし、実態経済においては、貨幣の流通が滞ることが経済破綻の原因となってしまいます。お金が流通しなければ、生産が減り、失業者は増え、消費が冷え込むのです。

現在の金融システムは、国や企業に競争させる性格を持っており、競争を前提として機能しています。したがって、円（通貨）は、分断、対立、格差を生むことになります。ただし、競争から成長につながっているとも言えるため、必ずしも競争が悪いわけではありません。それでも、現実の経済に対して、何の保証もない不安定な通貨が世界を混乱させていることは事実です。

それに対し地域通貨は、連帯、信頼、協働といった共生の原理が働きます。また、円と異なる地域通貨は、異なるタイプの関係性を築くことができるのです。

つまり、コニュニティーを活性化させ、共生社会を築くた

めには、別の通貨システムが必要であり、目的に応じて道具を使い分けることで、未来の町の経済が決まるのです。

　地域通貨は町の人や物、情報といった関係性を構築する一つの新しい道具となります。円は自由競争を促し成長を生むが成長は犠牲を払う。そこに共生という平等な世界も同時に必要であるということに気づき、円と地域通貨が併存することで、自由と平等の矛盾なき一致する世界があるわけです。
　貨幣制度と社会の秩序には深い相関関係が存在します。
　地方には自らお金を作り出す機能がないため、政府による公共投資が行われ、地方交付税・交付金や補助金が配られています。しかし、世の中にある公共投資には投資回収のできない事業が山ほどあります。
　それでも公共投資がなければ地方経済がもたないため、ムダと言われる公共事業が行われ続けています。そして、公共事業で稼いだお金も、再び銀行に預金され、中央に流れていきます。何年もの間このような政策がくり返された結果、1000兆円を超える財政赤字がふくらみ、ムダな公共事業がくり返されたことで、たくさんの自然や人間関係も同時に破壊されてきました。
　しかし、これ以上、財政赤字を増やすことも自然や人間関係を破壊することもできない状況に追い込まれています。
　私たちは現状の金融システム以外に、もう一つの新しい通貨システムを必要とする時代にきているのではないでしょうか。

PART 2

地域通貨とは何か？

09 地域通貨の特徴

1 限定された地域で流通し、決済手段として使われる。

2 紙やプリペイドカード式など媒体いろいろ。

3 外部環境の影響を受けづらい。

P　ART1ではお金の基本について考えてきましたが、お金は便利な反面、利用先を限定できないという性質から、地域内でお金が回らないという問題点を抱えていました。そして、人口減少や少子高齢化もあり、地方はどんどん衰退しているというお話もしました。

　ざっとおさらいしておきましょう。

・人やお金が地方から出ていくことで、地域経済、コミュニティーが衰退しつつある。
・企業も個人もお金（円）の獲得競争に一生懸命で、そのお金は資本力のあるところ（お金があるところ）に集まってしまう。
・その解決方法として期待されているのが地域通貨。

　地域通貨は「限定された地域で流通し、決済手段として使われるお金」のことです。紙やプリペイドカード式、非接触型カード、QRコードなど、さまざまな媒体がありますが、地域の自立的な経済活動を支える機能という点は同じです。
　また、地域内で流通させることが目的なので、外部環境の影響を受けづらいというメリットもあります。大型店の進出・撤退や、ECサイトにも影響は受けません。
　そのような点を踏まえた上で、PART2では、地域通貨だけの機能、地域通貨の目的や実現できること、円や地域商品券との違い、地域通貨には地域マネーと地域ポイントがあることなど、地域通貨の基本的な定義を解説していきます。

10

地域通貨の3つの限定

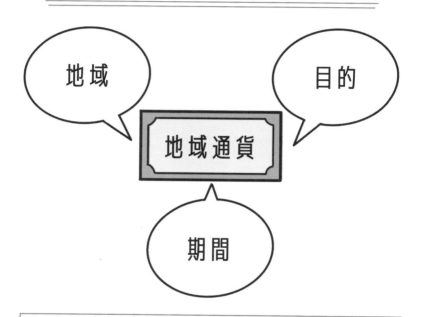

地域

目的

地域通貨

期間

POINT

1 地域、目的、期間の限定。

2 便利な円は域外に出ていく。

3 3つの限定によって域内で消費を喚起できる。

地域通貨は「地域のお金は地域で回す」ためのものです。そのため、便利すぎる「円」をあえて「限定」させています。

1 地域の限定
2 目的の限定
3 期間の限定

　1地域の限定は文字どおり、都道府県や市町村、商店街など、利用できる場所を限定すること。

　2目的の限定とは、お店の形態など、目的に合致するような利用先を限定することが可能になるということ。
　たとえば、子育て支援金は子育てに役立てるために給付されるものですが、必ずしも目的に合致した使い方がされるわけではありません。また、2020年に国民一人あたり10万円

が給付された「特別定額給付金」を巡る議論でも、「現金で給付すると消費ではなく貯蓄に回ってしまう」という指摘がありました。このように、必ずしも目的に合致した使い方がされるわけではないのです。

　3 期間の限定は、有効期限を設けられることです。円とは違い有効期限後には価値がなくなるため、貯金などに回されず、有効期限中に消費されるというメリットがあります。

　たとえば、オーストリアのヴェルグルという町で、ある実験が行われました。

　その町では1930年の世界大恐慌の影響で、お金が家庭に貯めこまれることで市場でお金が回っていませんでした。それに気づいた当時の町長が、「時間とともにお金の価値を減らす」ことにしたのです。つまり、お金に有効期限を付け、期間内に使用しなければ、その価値がなくなっていくというものです。

　労働の対価として「労働証明書」という地域通貨が支払われたのですが、その「労働証明書」は毎月1パーセントずつ価値を失っていくものでした。その結果、多くの人がこのお金を使うようになり、町の経済が見事に活性化したのです。

　このように、短所のように見える地域通貨の不便さは長所でもあります。今はどこにいても、欲しいものはネットで手に入れられます。これは消費者にとっては便利なことなのですが、同時に地域にとってはお金が域外に流出していることになります。

　決まった場所に決まった期間を使って消費喚起に活用することができれば、域外に流出することはありません。行政が住民に出している支援金などが、地域内の限られた場所で、決められた期間内で、決められた目的に合致した消費をすることが可能になり、お金よりも地域内の消費を促すことができるのです。

11

円では交換できないモノ・サービスを作れる

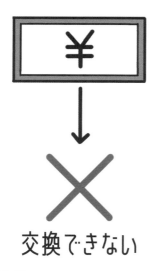

¥

↓

×

交換できない

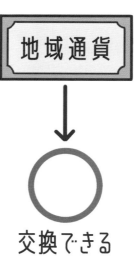

地域通貨

↓

○

交換できる

POINT

1 地域通貨の利用シーンは広がっている。

2 円ではできない、「つながり」を作る。

3 地域通貨ならではの動機付けになる。

3 つの限定によって域内での消費を喚起することができる地域通貨は、利用されるシーンに広がりを見せています。個人消費にとどまらず、企業間取引での利用促進や、2021年には飛騨高山の「さるぼぼコイン」が税金の一部の支払いをできるようになったほか、現時点では日本の法律で禁止されている円以外での給料の支払いにも利用できる可能性があるのです。

　このように、円と同じ機能をキープしながら、あえて不便にすることにより、域内で使ってもらうことに特化させることが可能になります。

　ただ、限定したからといって、どこでも使える便利な円ではなく、わざわざ地域通貨を使ってもらうのは簡単ではありません。ですから、地域通貨でしか交換できないモノやサービスも必要です。

　その一つが、「コトと交換」です。

　お金は「モノと交換」したり、「コトと交換」したりしますが、モノと交換する場合は100円のパンと交換するなど、円で交換できるものを、円と同じ基準で、または円と一緒に交換します。ところが、「コトと交換」に関しては、うどん工場を見学して、手打ちうどんの体験に参加するというイベントを地域通貨で予約できるようにするなど、地域の特性に合わせた付加価値と交換し、地元との「つながり」を作り、コミュニティーを形成することができます。

　たとえば、私たちが運営する香川県の「めぐりんポイント」では、プロのスポーツ選手を地域ポイントで学校へ呼ぼ

うという取り組みを行っています。それが、「子どもたちに
バスケットの楽しさと夢を届けるプロジェクト」。Bリーグ
の「香川ファイブアローズ」というプロチームの選手が地元
の小中学校で、学生と一緒にバスケットボールの練習をする
という内容です。

　プロをイベントに呼ぼうと思ったら、少なくないコスト
（円）がかかります。そこで、めぐりんポイントでは、ふだん
のお買い物でポイントを貯めてもらい、みんなで貯めた合計
が３万ポイントになったら、アローズの選手を学校に呼ぶこ
とができるよう
にしました。

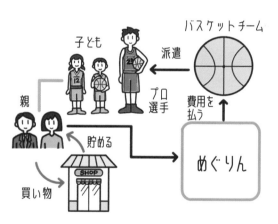

　ポイントを貯
めるために、子
どもの親は町で
買い物をして消
費の促進に貢献
してくれますし、
地域貢献という
名目があるから
こそ、普通なら3万円では呼べないプロの選手たちを呼ぶこ
とができ、子どもたちは貴重な体験をすることができるとい
うわけです。

　地域通貨ならではの利用方法を創出することで、地域通貨
をあえて使う動機付けが可能になり、いろいろな人が関われ
るきっかけづくりにもなるのです。

12 地域通貨の目的

POINT

1　地域経済の活性化。

2　コミュニティーの活性化。

3　地域通貨の醍醐味はコミュニティーの活性化。

地域通貨は「地域のお金は地域で回す」ためのものですが、その目的は地域経済の活性化とコミュニティーの活性化です。

　地産地引地消のお金を作ることで、外貨を稼ぎ域内でお金を回す（外に出さない）ことができれば、地域経済は活性化されるでしょう。ただし、経済の活性化といっても、経済的指標で計れるものばかりではありません。

　地域内で直接取引される、いわゆる物々交換は経済活動の一つですが、統計上補足されることはありません。また、円では割り切れない地域活動も、需要がありながら経済活動としては潜在化してしまうことにもなります。たとえば、地域の困りごとの手伝い（ボランティア）や、会社の従業員の健康管理（健康経営）、地元スポーツチームの応援（ホームタウン活動）などを経済活動として顕在化させることができれば、地域内の潜在的な資源を動かし、地域を活性化させることができる、というわけです。

　このような経済的指標では測れない非経済活動は、もともと「互酬」を基盤とするコミュニティー活動でした。互酬とは相互扶助、つまりお金を介さない助け合いです。

　本来は互酬でカバーされるべきサービスや商品も、人口減少によってコミュニティーが弱体化してむずかしくなってしまった。さらに、行政の大きな負担（税金）でもまかないきれなくなったという現実があります。

　そこで、地域通貨を活用することで、潜在化した経済活動を顕在化させ、人と人がつながるきっかけづくりをし、コミュニティー活動を活性化させようというわけです。

　商店街の清掃ボランティアを例に考えてみましょう。主催者はボランティアにお礼としてパンやジュースを配ったとします。もちろんすばらしいことですが、もしそれが地域通貨だった場合、その地域通貨をさらに商店街で使うといった流れを作ることができます。

　損得勘定ではなく、「自分たちの町をきれいにしたい」という気持ちから、ボランティア活動に参加します。

　地域通貨はあくまでもきっかけ作りです。地域活動のインセンティブを用意することで、ボランティア活動を促進。そして、そのインセンティブが消費促進の一助となり、地域内でお金が回ります。その結果、地域が活性化していくのです。

　これを応用すると、行政のコスト削減にも寄与してくれます。清掃活動を行政主導で行おうと思ったら、業者を雇うお金がかかってしまいます。もしそれが県外の業者だったら、稼いだお金も外に出ていってしまうでしょう。しかし、地域通貨ならボランティアのインセンティブとして提供しても、業者を雇う数十分の1で実現できます。

　地域通貨はボランティアという助け合いのコミュニティーを活性化させ、行政のコストも削減し、消費喚起にも貢献できるという一石三鳥の取り組みなのです。

　コミュニティーという概念は地域通貨を運営する上でとても重要です。地域通貨を流通させるためには、地域住民の協力が欠かせないですし、そこにコミュニティーが存在しないとうまく機能しないのです。大都市で地域通貨が誕生しづらいのは、地方に比べてコミュニティーの形成が希薄だからとも言えるでしょう。

13 地域通貨で実現できる 具体例7つ

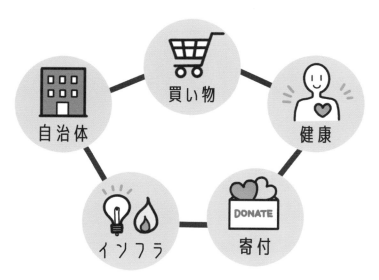

買い物

健康

自治体

寄付

インフラ

DONATE

POINT

1 **買い物をはじめとした個人消費。**

2 **寄付などの相互扶助。**

3 **行政との連携も可能に。**

1 健康経営

経済産業省による「健康経営銘柄」や「ホワイト500」など、健康経営の普及や取り組みをする企業に対しての評価制度があります。社員の健康は重要な経営資源と考え、積極的に社員の健康増進を支援する企業経営スタイルとして、多くの企業が取り組むようになりました。

多くの企業では、健康に興味がない社員にも継続的に健康づくりに取り組んでもらうために、インセンティブを提供しています。このインセンティブを全国で使える商品券ではなく、地域通貨で社員に渡せば、企業の資産は社員を通して地域で使われます。社員の健康と地域への貢献、そして中長期的な企業の健康につながる、というわけです。

2 ボランティア

ボランティア活動に対する「ありがとう」の気持ちを地域通貨で提供できます。ジュースやお菓子ではなく、地域通貨で渡すことで、地元加盟店でコーヒー代として使ったり、散髪代として使ったり、クリーニングに使ったりと汎用的に利用できる魅力も。

3 地域スポーツの応援

50ページで「プロの選手を学校へ呼ぼう」という事例を紹介しましたが、香川県ではプロバスケの試合観戦のチケットを地域通貨で購入することができます。地元のプロスポーツを観戦することは子どもたちにとってはいい体験になりますし、地元のスポーツ団体の運営に大きく貢献することもで

きます。

④ ライフラインのポイントと交換

「めぐりんポイント」では、電力会社やガス会社のポイント
と地域通貨の交換が始まっています。地域に還元できる取り
組みだと理解してもらったのです。

ただ、交換先には大手ポイントもあり、地域ポイントとの
交換数がなかなか多くならないのが現実です。交換する人に
とっては大手ポイントのほうが便利だからです。少しでも地
域に流れるよう、他社よりも還元率を上げたり、自社媒体で
告知しながらより多くの交換が行われるように促しています。

⑤ 行政との連携

少子高齢化が進む地域において、医療費の削減は急務の課
題です。①の健康経営もそうですが、いかに多くの人に未病
予防に取り組んでもらうかが重要になってきています。

健康診断の受診率の向上のほか、観光需要の促進や環境保
護への取り組みなど、さまざまな行政施策の活性化のツール
として地域通貨を活用することができます。そしてそのお金
は地域へ還元される仕組みを構築することができます。

⑥ 買い物

地域通貨事業をスタートするときに、よく加盟店の数が注
目されます。たしかに使えるお店が多いことは、貯める人の
モチベーションになるので必要です。ただ、加盟店だけでポ
イントを発行ということになると、流通する量になるには各

店の負担が大きくなりますし、ポイントはもらって使うものなので、使える量になるまでに時間もかかります。

したがって、お買い物で貯まるポイントは、あくまでコミュニティー活動のインセンティブの一環として捉えたほうがいいでしょう。

7 寄付

地域通貨は個人消費などに使うだけでなく、寄付することができます。

多くの人は、子育て、障がい者、引きこもりなどの、地域の社会問題に対して何らかの形で役に立ちたいと思っています。そうは思っていても、関わり方がわからなかったり、現場でのお手伝いができなかったりと、さまざまな理由で想いを形にすることができないこともしばしば。

そこで、自分のためにはポイントを貯めなくても、「誰かに役立つポイントだから」と貯める人たちがいます。そんな人たちが、日々の地域活動で得たポイントを、地域の課題に向き合ってがんばる人を応援するために寄付してくれます。

寄付された地域通貨はボランティアへのお礼のお茶だったり、子どもたちの本だったり、現場の環境作りへと変わっていきます。

14 地域通貨が目指す形は「信用取引」と「信頼関係」

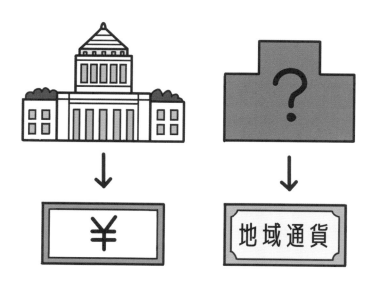

POINT

1 経済の活性化には信用取引が不可欠。

2 地域通貨は本来は信頼関係によって使われる。

3 地域通貨は使えば使うほど幸福度が高まる。

地域通貨がその目的を果たすために、目指す形は2つあります。1つは信用取引です。地域通貨で円と同じように商品やサービスと交換できるということです。信用取引には、何らかの担保や保障が不可欠です。たとえば、銀行は土地を担保にお金を貸しますし、保障があるから人々はそれに対してお金を出します。これは、経済活動の基本的な条件の一つです。

　もう一つは信頼関係です。これはまさしくコミュニティーそのものです。信頼とは、感情や感覚が反映されたもの。ようするに、この地域通貨を使ったら、将来地元がよくなるのではないかという、何の担保も保障もない感覚の部分です。そこには人と人とのつながりが必ずあり、その信頼関係はお

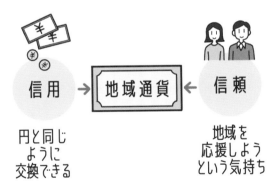

金には代えられません。

　円でこの信頼関係を構築しようと思っても、容易ではありません。円の切れ目が縁の切れ目となり、円は稼げば稼ぐほどその欲求が高まり、一定以上になると幸福度が上がらなくなるからです。

「収入と幸福度」の関係を測定する研究によると、収入がどんどん増えると幸福度が高くなり、相関係数が1.0（収入と幸福感に強い結びつきがある）に近づいていきます。ところが、途中でこの相関係数が急に折れてしまう現象が見つかったのです。ある時点までは経済力は非常に強い要因として働くのですが、急に折れてしまった時点から先を調べると、収入がどんどん増えていっても幸福度は増加しませんでした。その相関はたった0.12にしかないという非常に有名な論文です。

　つまり、円はある一定の収入までは幸福度が高まるものの、いずれ頭打ちになってしまい、持続的に地域を活性化させるための道具としては、不十分なのです。

　一方、地域通貨は使えば使うほど幸福度が高まります。

　なぜなら、地域通貨は使えば使うほど、誰かのために役立ち、地域を応援することになるからです。

　私たちが発行している「めぐりんポイント」は、ユーザーは誰も発行元であるサイテックアイという会社を信用して使っているわけではありません。今は未完成ですが、「地元香川をみんなで応援するポイントなんだ」という理念を信頼して利用される地域通貨を目指しているのです。

　国が担保している円とは異なり、地域通貨は担保や保証によるものではなくて、そんなものはないけれど、自分たちの町が元気になるんじゃないかという信頼関係、つまりコミュニティーをつなげていく道具なのです。

15 地域通貨は地域マネーと 地域ポイントの2種類

地域マネー？

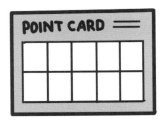

地域ポイント？

POINT

1　地域マネーは資金決済法、

　　地域ポイントは景品表示法が適用される。

2　地域マネーは現金で交換、

　　地域ポイントは買い物などで貯める。

3　お金の要素が強いのは地域マネー。

本書ではここまで、あえて「地域通貨」という言葉を使ってきましたが、それは地域通貨の基本的な考え方や役割を理解していただくため。地域通貨の定義は「限定された地域で流通し、決済手段として使われるお金」ですが、「めぐりんポイント」「さるぼぼコイン」「アトム通貨」をはじめ、各地の地域ポイント、地域商品券などもすべて地域通貨にカテゴライズされるなど、厳密な定義はありません。

　しかし、これらを一緒くたに考えていると、地域通貨事業は大失敗します。本書では大きく「地域マネー」と「地域ポイント」に分けて考えてみます。

　地域マネーと地域ポイントはまったく別モノで、それは法律面からも明らかです。

　地域マネーは前払い方式手段（商品券やプリペイドカードなど、前もってお金を払うタイプ）であり、資金決済法が適応され、さまざまな規制や義務が課せられています。発行者は内閣総理大臣への届出・登録が必要なほか、利用方法や注意事項を周知させたり、利用者を保護する義務もあります。

　ポイントを発行する際に注意しなければならないのが、景品表示法です。その目的は一般消費者の利益の保護であり、商品やサービスの品質、内容、価格などを偽って表示することを規制したり、過大な景品類の提供を防ぐために景品類の最高額を制限したりするものです。

　このように、同じ地域通貨と言っても、適用される法律が

異なるため、運用方法が大きく変わることになります。

　地域マネーはあらかじめ現金を地域通貨に換え、地域ポイントは購買活動や社会貢献などで貯まっていくシステム。基本的に現金でバリュー（通貨、ポイント）を買うことができるかできないかという違いです。

　このほか、地域マネーは交換することのハードルが高く（マネーロンダリングなどに配慮）、地域ポイントは交換が容易、地域マネーは有効期限を設定しないがポイントは設定するなど、さまざまな違いがあります。

　地域マネー、地域ポイントの事例を紹介します。

・地域マネー　MORIO-J（盛岡市）

　地域マネーの「MORIO Pay」は、もともと地域ポイントが始まり。地元の肴町商店街のポイントサービス（JOYポイント）が、2014年11月に、盛岡商工会議所や商店街などの協力を得て、盛岡Value City株式会社を設立。このとき、プリペイドカードからICカードに切り替え、さらにWAON機能も利用できるMORIO-Jカードが発行されました。2015年3月には、盛岡市も株主として出資しています。

　そして、2021年3月24日、盛岡市内の加盟店などで利用できるQRコード決済サービスであるMORIO Payサービスを開始。既存の地域ポイントから地域マネーへと移行し、QRコードなどを使ったキャッシュレス決済の仕組みへとバージョンアップしました。

　MORIO Payは、利用者が事前にスマートフォンに専用ア

プリをダウンロードし、加盟店や無人チャージ機を使って現金をチャージします。支払時は店頭に掲示されたQRコードをアプリで読み込み、金額を入力して決済。決済金額100円ごとにMORIO-Jのポイントが1ポイント貯まり、アプリ内で操作することで1ポイントは1円分として交換できます。

　現在、現金チャージのみの対応となっており、専用アプリでは加盟店からの情報やクーポンも配信。集客や経済循環の仕組みづくりにもつなげています。

・お持ちのICカードがポイントカードに

　1993年、広島市を中心とした13市町により「広島広域都市圏形成懇談会」が設立され、圏域というエリア設定を生かし、その一体的発展に向けた交流・連携を推進しています。

　2012年2月には4町が加わり、「懇談会」を「広島広域都市圏協議会」に改称。その後、2015年7月に7町、2021年4月に1市が加わって、現在（12市13町）に至っています。

　この広島広域都市圏内の人々の保有率が高いと考えられるICカードのうち、カード発行事業者から許諾を受けた「PASPY」「ICOCA」「WAON」の3種類のカードが広島広域都市圏ポイントが利用できるカードとなり、経済の活性化と圏域内人口200万人超のコミュニティーの活性化の一助を担うべく、広島広域都市圏ポイントが導入されました。

　圏域内のみで利用できるポイントにより、ヒト・モノ・カネ・情報を圏域内で循環させることで、経済活力とにぎわいに満ちたローカル経済圏の構築を目指しています。

16 地域通貨は「貯める」と「使う」

使う　　　　　　　　　貯める

POINT

1　貯める方法は買い物と地域活動。

2　使い道は買い物と寄付。

地域通貨の使い方は大きく分けて2つあります。「貯める」と「使う」です。

　貯める方法は、買い物と地域活動です。

　地域マネーの場合は最初に現金を地域通貨に交換し、お金と同じように使うため、買い物で貯めるという概念はありません。地域ポイントはみなさんがふだん使っているポイントカードと同じで、買い物をしたときに100円で1ポイントのような形で貯まります。

　一方、地域活動の場合、清掃活動やボランティア活動に対するインセンティブとしてポイントが付与されることによって貯まります。この点は、地域マネーも地域ポイントも同じ形式で貯めることができます。

　地域マネーは現金でバリューを買うことが基本で、地域ポイントは買い物などで付与されるものですが、地域マネーも地域ポイントも地域活動においては付与されるので、その意味では同じように「貯める」ことができると言えます。

　そして、貯まった地域通貨の使い道は、買い物と寄付です。

　お店やイベントで支払う個人消費のほか、NPOやスポーツチーム、地域の社会貢献活動に寄付することができます。

「貯めて、使う」というと、多くの人は民間企業のポイントを思い浮かべると思います。地元商店街、レジャー施設、スポーツクラブ、たくさん存在しますが、お店やサービスによってそれぞれ独自で展開しているものなので、それらを横

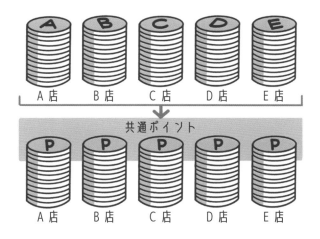

断して貯めて、使うことはできません。そのため、単独の民間ポイントでは必ずしも地域経済全体に貢献しているわけではありません。

　もし、それらを地域の共通ポイントにすることで、域内全体が一つのショッピングモールとして捉えることができれば、お客様にとっても貯めやすく使いやすいポイントとなり、地域経済を回していくことができるようになります。

　地元のスポーツクラブでポイントを貯め、商店街でお買い物しても貯まる。そして、そのポイントは公共施設での支払いや加盟店舗でも使えるほか、寄付もできる。行政や民間のさまざまな施策、活動をつなぐことで、シナジー（相乗効果）を生むことができるのです。

17 地域商品券はお金？地域通貨？

地域商品券 ＝ 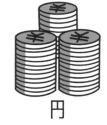 円 ？

地域商品券 ＝ 地域通貨 ？

POINT

1 地域振興券をはじめ、名称はさまざま。

2 特定地域での消費喚起を促す。

3 一過性の経済対策。

地

域経済における消費喚起の施策の一つに、地域商品券があります。

　地域商品券は全国の多くの地域で以前から活用されてきました。地域振興券（1999年）、プレミアム商品券（2015年）、プレミアム付商品券（2019年）と名称もさまざまですが、プレミアム（1万円で1万2000円分の商品券と交換できるなど）を付けたり、有効期限を設けることで、特定地域での消費喚起を促します。

　地域商品券を発行するのは商店街や自治体で、一部民間会社に業務委託しながら運営することがしばしばあります。ただ、どこの自治体も財政は厳しく、毎年自主財源でまかなえるほどの余裕はないといったのが実情です。したがって、どこの自治体も、国の臨時交付金などを活用することがあり、予算規模も通常より大きな金額で事業に取り組むことができます。

　地域商品券は有効期限付きなので、これも地域通貨と捉える人もいます。

　有効期限が切れると商品券は失効されてしまいますが、逆を言えば、期限内でお金を使おうという意識が生まれ、地域経済に貢献してくれます。

　ただし、地域通貨は地域商品券と大きく異なる点もあります。

　それが、地域通貨は役割に汎用性を持たせることができるという点です。一般的に地域商品券は、住民が地域商品券を

購入し、限定された場所で額面分の金額とモノやサービスとの交換が終われば地域商品券の役割は終了します。つまり、一時的な経済対策です。

　実際、地域商品券が発行されるのは、バブル崩壊、リーマンショック、新型コロナウイルスなど、経済が落ち込んだときにカンフル剤として消費喚起を促す目的で実施されることがあります。

　一方、地域通貨は、地域商品券の役割を果たすことができるだけではなく、地域内にあるモノやサービスを結び、地域に還元される新たな価値を生み出したり、コミュニティーを創出するきっかけになったりするなど、限りある地方の資源（カネ、モノ、ヒト）を地域内で循環させ、ムダを省き、その地域にあった暮らしを創出することができるのです。

　もちろん、一過性の経済対策が悪いわけではありません。地域通貨は中長期的な戦略で活用するほうがいいと思いますが、「これからどんどん使いやすくなるので、とりあえずアプリをダウンロードしてください」では、誰も使ってくれません。訴求力がないのです。そのため、導入期にプレミアム付き商品券事業を展開し、一気にアカウントユーザーを増やす戦略を講じることは有効な手段の一つでもあるのです。

18 地域通貨事業と自治体マイナポイント

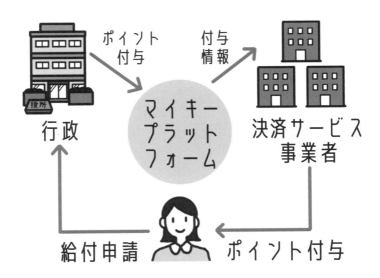

ポイント付与 ／ 付与情報

行政 → マイキープラットフォーム → 決済サービス事業者

給付申請 ／ ポイント付与

POINT

1　国のポイント事業。

2　地域通貨と似た役割を担っている。

3　地域通貨のようなインフラが必須。

マイナンバーカードの本格的な導入は2016年からでしたが、普及率は2018年3月1日時点で10.7パーセントとなかなか普及しませんでした。

そこで、マイナンバーカードを利用して、クレジットカード会社や航空会社、通信会社などのポイントやマイルを「地域経済応援ポイント」と称し、美術館などの有料施設や商店街などで利用できるサービス「マイキープラットフォーム」の運用を2017年9月よりスタートしました。

利用者のIDなどを格納する「マイキープラットフォーム」を活用して、ポイントを変換・合算するシステムを構築しており、マイキーIDをマイナンバーカードと連携させることができる識別番号として、すべての自治体ポイントについて、その付与と使用、残高確認などの事務を管理できるという仕組みです。

しかし、このサービスを展開したあとも、思うようにカードの普及は進みませんでした。理由はいくつかありますが、まず手続きが大変複雑で、交換する人がめったにいなかったこと。また、地域経済応援ポイント事業者によっては手数料を取るため、ポイント交換の際の交換率も悪くなるなど、利用者が交換しようとは思えないものでした。

そこで、2020年には、マイナンバーカードを活用することで、大手電子マネーやクレジットなどのキャッシュレス決済で使えるポイントを給付できる仕組みに舵を切りました。政府はマイナンバーカードの普及にさらに力を入れたのです。

これがいわゆる「マイナポイント事業」です。

　簡単に説明すると、利用者がマイナンバーカードを利用してポイントの受取申請をすると、対象者にマイナポイントが付与されます。しかし、このマイナポイントはそのままでは利用できないので、利用者がポイントの交換先（既存のキャッシュレス決済）を選ぶと、決済サービス事業者がマイキープラットフォームからの付与情報にもとづき、利用者へポイントを付与するというものです。自治体ポイントと異なり、利用先も豊富で還元率も25パーセント（上限5000円／人）ということもあり、徐々に普及が進み始め、令和3年5月時点で交付率がようやく30パーセントを超えました。

　マイナンバーは、税金や年金の支払い、雇用保険などの行政手続きの際などに利用されています。その目的は国民の利便性を高めることや行政事務の効率化（行政DX）です。

　そして、今年（令和3年度）は、自治体による給付モデルの実証事業が始まります。給付モデルは、次の3つです。

1 現金類似の給付

　住民に対して、用途に特段の限定がない一定額のポイントを給付。

2 用途を特定分野に限定した給付

　住民に対して特定分野での利用を対象に一定額のポイントを給付。タクシーやバスなどの乗車チケットと交換など。

❸ 用途を特定地域に限定した給付

　住民などに対して、特定地域内の店舗での利用を対象として一定額のポイントを給付。地元共通ポイントサービスと交換など。

　自治体はこれらのうちからタイプを選んで実施します。実証実験が始まったばかりですが、この取り組みは地域通貨にとって非常に意味のあるものです。

　地域通貨の流通量は、こうした公的資金が入ると一気に増えるからです。地域の財源だけで流通量を増やすことはなかなかむずかしい。だからこそ、国による援助は地域通貨事業にとって大きなことなのです。

　ただし、域内限定の決済インフラ、つまりアプリのような受け皿がないと、国がお金を流し込んでも受けられません。

　もしそれがないままこの取り組みを実行してしまうと、ただのマイナポイント事業になってしまい、何のための「自治体マイナポイント」かがわからなくなってしまいます。ポイントは大手決済事業者に流れるだけで、キャッシュレス化が進むという意味ではいいのかもしれませんが、現金のばらまきと変わらない状態になってしまいます。地域経済の活性化には役立たないものとなってしまう可能性があるのです。

　このことからも、地域通貨というインフラを作っていくことが大事なことがおわかりいただけるはずです。

PART 3

地域通貨で
失敗しない条件

19 日本における地域通貨の起源は藩札

POINT

1 藩札は基本通貨の量を補うために使われた。

2 現在は800ほどの地域通貨が存在。

3 成功した地域通貨は少ない。

76

地|域通貨は最近できた新しい仕組みではなく、歴史を
ひも解くと、その起源は江戸時代にまでさかのぼる
ことができます。幕府が発行する正規の通貨（金銀銅）とは
別に、各藩の中でしか利用できない藩札が使われていたので
す。

　当時、多くの藩で藩札が利用されていたようです。その目
的は、幕府が発行する基軸通貨の量（金・銀・銅）の量が不
足し、その流通量を補うためだったと言われています。

　現在、各地で地域通貨が利用されている目的とは少し違い
ますが、基軸通貨の補完通貨として使える場所を限定し、問
題解決に使われていた方法としては、昔からあったものなの
です。

　今は当時と違って円の流通量が不足しているわけではあり
ません。それでも、藩札に類似した地域だけで使えるお金が
必要なのは、すでに説明したとおりファンドのお金が大量に
流通しているにも関わらず、実態経済に反映されていないこ
とと、人口減少と少子高齢化による地方の衰退です。

　高齢化が進むことで、医療費や年金にかかるお金よりも税
収のほうが少なくなります。

　税収が不足すると新しいものやサービスに投資できないど
ころか現状維持も難しくなります。少子高齢化→働き手の減
少→生産性の低下→市場の縮小の悪循環が生まれます。

　このままの状態が続けば、ますます少子高齢化は進んでい
くでしょう。家計では、安定した生活をしていくのなら今の
支出のムダを省き、収入を増やすことを考えるでしょう。

　そこで、地域の資産を地域で循環させるため、地域通貨と

いうインフラの構築を整備することが重要となってきます。

　当時の藩札の目的は基軸通貨量の不足分を補足するため。現代の地域通貨はできるだけ地域内でお金を循環させムダを省き、限られた資産を将来に投資し育てていくことが目的です。

　江戸時代から続く地域通貨の歴史。こうも長きに渡って地域通貨が発行され続けてきたのは、地域通貨なら基軸通貨では解決しにくい問題を解決できる、という可能性を感じているからだと思います。

　現在、地域通貨は全国で800種類近くも稼働していると言われています。2000年代前半はブームを迎え、最盛期は3000もの地域通貨が存在したと言われています。現在はデジタル化が進んだことによって、あらためて地域通貨が注目されるようになっている状況です。

　これだけ長い歴史を持ち、今でもたくさんの地域通貨が存在するにも関わらず、「成功した」と断言できる地域通貨は、残念ながらないといっても過言ではありません。

　PART3では地域通貨が失敗する理由を解説し、成功させるために必要なルールを説明していきます。

20

地域通貨が失敗する理由①
円の代わりを作ろうとする

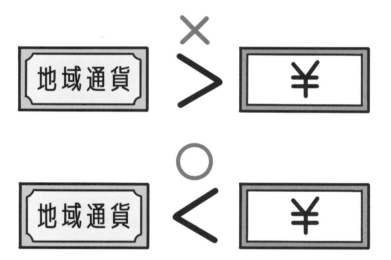

POINT

1　円と同じものを作ろうとしてしまう。

2　地域通貨＝決済手段ではない。

3　地域通貨はあくまでも「円の補完」。

地域通貨が失敗する理由の1つ目は「円の代わりを作ろうとする」ことです。地域通貨事業はコミュニティーの活性化が大事であるとくり返し説明してきましたが、それでも経済の活性化が強調されがちです。その理由として考えられるのは、「円はどんどん外に出て行ってしまうから、域内だけで使える円の代わりになるものを作ろう」という意識です。

　円の代わりを作ろうとすると、地域通貨＝決済手段になってしまいます。地域通貨は潜在化した経済活動を顕在化させることにより、コミュニティーの活性化へとつながり、最終的に地域の活性化につなげることができます。

　ところが、ただの決済手段では、潜在化した経済活動を捉えることはできません。

　決済手段としてでは解決できない問題があるからこそ、地域通貨の意義があるはずです。円の代わりを作ったとしても、結局、「便利な円があるのに、なぜわざわざ地域通貨を使う必要があるの？」という疑問に答えられません。

　それなら、円よりもお得にすれば解決できるでしょうか。地域商品券のようにプレミアムをつけたとしても、その財源を出し続けることは困難です。円よりもお得というインセンティブだけではなく、継続するための仕掛けも同時に必要です。

　地域通貨の認知を広めるための手段として、プロジェクト初期にプレミアム商品券事業を展開することは戦略としては

正しいかもしれませんが、結局、「損得」という小さな枠組みにとらわれてしまうことになります。

　また、決済手段として考えた場合、流通量の少なさも課題となります。使える場所が少なければ、地域通貨で買えるものも少なく、通貨が流通しません。

　地域通貨はあくまでも「円の補完」です。域内の経済活動をすべて地域通貨でまかなうことなどできません。お店の品物を外から仕入れることがあるように、地域内で完全に自給自足することはほぼ不可能です。

　この点が問題になるのは、特に「地域マネー」です。実際、成功しているものはないといっても過言ではないと思います。「流通量が年間5億円チャージされています」といったところで、約2パーセント程度の決済手数料で運用しているので、もしこの5億円がすべて決済されたとしても、年間1000万円の収益です。システムの利用料や人件費、諸経費などを引くと、この収益だけではまかない切れていないというのが実情でしょう。

　話は戻りますが、結局、経済は円の世界なのです。財政政策を打たないと活性化はしません。だからこそ、地域通貨は「円の補完」として、円と一緒に地域で使うきっかけづくりをするべきなのです。地域通貨が円の補完機能であることを忘れず、お金を流通させる潤滑油として利用されるなどの取り組みが効果的です。

21 地域通貨の構造を理解していない

地域マネー

地域ポイント

POINT CARD

POINT

1 **地域マネーは手数料収入が低い。**

2 **手数料で運営するには、かなりの流通量が求められる。**

3 **地域ポイントのほうが収益性は高く、継続しやすい。**

地域マネーと地域ポイントの違いを理解することは非常に重要です。法律も運用も異なりますから、地域ポイントと地域マネーの違いがわからず事業を始めてしまっては、失敗するのは火を見るよりも明らかです。

地域マネーと地域ポイントの違いについては61ページでも説明しましたが、ここではそれぞれの運用方法とコストを比較してみましょう。

地域マネーは前払い方式手段です。消費者は前もって現金を払い、地域通貨に換えなければなりません。そして、交換した地域通貨を使って、モノやサービスと交換します。地域マネーを受け取ったお店は発行元から現金を受け取ることになります。

その際、発行元は手数料を2〜3パーセントもらいます。つまり、100円分の地域マネーが使われたら、手数料として2〜3円が発行元の収入になるのです。クレジットカードとだいたい同じ手数料です。

ここで課題となるのは、消費者にまずチャージしてもらうことと、少ない手数料収入の2点です。消費者にわざわざ現金を地域通貨に換えてもらうためには、チャージするモチベーションを作り出さなければなりません。プレミアムを付けるなど、現金よりもお得にしないとならないのです。そして、その増量分も負担しなければなりません。

ところが、いざスタートしても、手数料収入が少ないのですぐに運用に支障をきたすことになります。

たとえば年間の流通量が1億円あったとしても、手数料は200〜300万円程度。それでは継続することはできません。

この事実をしっかり認識し、いかに消費者にチャージしてもらうのか、どうやって流通量を増やしていくのかが課題になります。

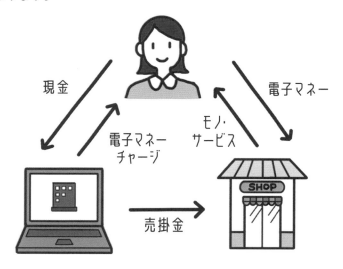

　地域ポイントは貯めて使うが基本です。100円で1ポイントという買い物に対する購買のポイントや、ダイレクトにもらえることもあります。掃除をして100ポイント、空港に行ったら10ポイントなど、買い物以外のカテゴリーでどんどん貯めることができます。

　ポイントの流れを説明すると、消費者がA店で買い物をしたら、A店はポイントを付与します。そして、ポイントを貯めた消費者がB店で利用すると、B店はポイント分の値引きをします。

　A店はポイントを付与したら、ポイント手数料を支払います（たとえば1ポイント1円）。B店は値引きした分のポイン

トを発行元から現金で受け取ります。つまり、発行元はポイントを付与したお店から手数料として得るのです。

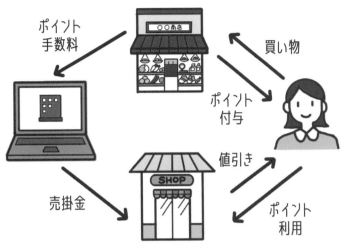

　地域マネーとの最大の違いは手数料収入です。もし1億ポイント付与されたとしたら、手数料収入が1億円あるということです。

　ただ、地域ポイントも課題はあります。ポイントが流通するまでに非常に時間がかかることです。

　また、共通の課題として、魅力的な出口（地域通貨の使い道）を用意しなければなりません。お店での買い物だけでなく、たとえば税金を現金で払うより地域通貨で支払えば少し安くなるなど、誰もが受けられるメリットを提示する必要があります。

稼ぐことを考えていない

今月の
収支について

POINT

1 地域通貨事業は導入と同じくらい運用がむずかしい。

2 発行元の収入源は手数料とシステム利用料。

3 稼ぐためには、加盟店へのメリット提供も欠かさない。

先の地域マネーと地域ポイントの比較でもわかるとおり、地域通貨事業は導入よりも運用のほうがむずかしいとさえ言えます。

特に行政主導で地域通貨事業を始めると、産業振興が中心となってしまい、各部局を横断する取り組みに展開しないケースがあります。民間主導でスタートした場合、たとえ最初の導入時に補助金があったとしても、一定の期間のあとには自走しなければいけません。当然、運営費がないことには継続することはできません。

そのため、稼ぐことが必要になってきます。発行元の主な収入源は参加加盟店からのポイント手数料やシステムの月額利用料です。ですから、継続的な地域通貨事業のためには、加盟店からも経済的な協力が必須です。

手数料が発生するタイミングは、地域マネーは決済（利用）したとき、地域ポイントは付与したときです。

ポイントの原資は受益者負担です。ポイントを付けた人がそのポイントの手数料も払います。たとえば、お店が1ポイントを付与したら原資＋手数料として2円をいただき、使われたお店や使われた場所に1円を返す。その利ザヤが事務局の運営費になります（85ページ）。

野球チームがポイントを付けたら野球チームの球団が払い、加盟店が付けたら加盟店が払い、商店街の清掃活動でポイントを付けたら商店街の組合が払い、自治体が付けたら自治体が払う。そして使われたところに1円分の対価を還元します。

こう聞くと、ポイントをたくさん付与しているけど、あまりお店で使われない、つまり持ち出しだけ多いお店や、逆に負担をしてないのにたくさん使ってくれるお店があるなど、不公平感があるのでは？と思う人もいるかもしれません。

　でも、ポイントを付けた段階で、お店にお客さんが来て、何らかの購買が発生しているわけです。100円で1ポイントの付与率のお店の場合、10ポイントを付けたら1000円分の売り上げが立っていることになります。

　そして、ポイントの手数料が1ポイント2円の場合、10ポイントで20円の手数料を払う。1000円の売上が立っているから、20円の手数料を払うということなので、クレジットカードや電子マネーの手数料の考え方と基本は同じです。

　実際、「ポイントを付与すると手数料がかかるから損」などという発想になると、地域通貨は成立しません。発行元がしっかりと仕組みを説明し、みんなで地元を支え合い、盛り上げていくという気持ちに共感してもらえるかどうかがポイントです。

　その上で、お金を払って参加してくれている加盟店に納得してもらえるようなサービスを提供しなければいけません。加盟店を掲載したフリーペーパーの発行やホームページ、SNS（Instagram、FB）、など、少しでもユーザーがお店に送客されるようにPRすることなど、側面的なサポートも重要です。

23 地域通貨のルール①
社会的な環境を意識する

POINT

1　**個人から分人へ。**

2　**関係人口を増やす。**

3　**情報インフラをすべての人に保障する。**

地域通貨がふたたび注目を集めているのは、デジタル化によって参入コストや運用コストが下がった点にあります。

　デジタル化に限らず、社会はつねに変化しています。まずは現在の社会環境をチェックしておきましょう。

■ 分人と複数コミュニティーへの帰属

　これまで、人は「個人」という概念で理解されてきました。限られた場所へ集合し、それぞれの個人が現実の世界で価値観を共有し、共感する個人です。ところがデジタル化が進んだ現代で生まれた新しい概念が「分人」です。

　たとえば、一人の人間でも、サッカーが好き、音楽が好き、会社の中の自分、子育て中……いろいろな側面があります。これまでは、家族や会社など、一つの社会に帰属意識を持っていました。ところが、SNSなどの普及により、裏アカを作り、本人の身分を隠して趣味嗜好でつながるコミュニティーにも帰属意識を持つ。そのような複数のアカウントを持つのが分人なのです。

　ソーシャルメディアによる、複数コミュニティーへの帰属は日常化され、働き方や社会的な意識の変化も影響しています。

　この分人という視点で考えれば、デジタルの世界ではむしろビジネスチャンスが増えているといっても過言ではありません。

② 関係人口

　人間関係は短期・不特定多数モデルから、関係人口を増やし、中長期・特定のファンモデルの構築が求められます。つまり、特定少数のグループを作り、中長期間、濃い関係の中で交流するのが中心となっています。一言でいえば、量より質に変わったということです。

　ここで言う「関係人口」とは、サポーターです。地域通貨を作ったとき、自治体や発行元がいくら宣伝するよりも、地域通貨に共感してくれるサポーターがどんどん地域住民や観光客にSNSなどを通して発信してくれるわけです。こうした関係人口の存在はこれから欠かせません（127ページ）。

③ 地域のデジタル化

　これまでは「デジタルは使える人だけが使えればいい」というスタンスでもOKだったかもしれません。しかし、デジタル社会では充実した情報インフラをすべての人に保障する必要があります。使える人が使うものから、誰もがいつでも使うものへ。インターネット接続や情報端末にとどまらず、リテラシーを向上させることも必要です。

24

地域通貨のルール②
目的を明確にする

加盟店
500！

町の文化
を守る

経済活性化

ユーザー数
1万人

POINT

1 **目的がないと挫折しやすくなる。**

2 **「加盟店を500にする」など手段を目的化しない。**

3 **目的はできるだけ具体的に。**

的がない状態で始めると、どうなるでしょうか。うまくいっているときは気づきませんが、壁にぶつかったとき「何のためにやっているんだろう？」と迷子になってしまいます。

地域通貨事業は一筋縄ではいきません。何度も壁にぶつかります。そのとき、目的がはっきりしていないと、あきらめてしまうのです。

地域通貨事業に限りませんが、物事には「目的」と「手段」があります。

目的がないまま始めるときに往々としてあるのが、手段の目的化です。「加盟店を増やそう」「ポイントを流通させよう」「こんな事業もやろう」。これらはすべて手段です。

また、たとえ目的を掲げていても、それが抽象的であっては意味がありません。PART2で地域通貨の目的は「地域経済の活性化」「コミュニティーの活性化」と説明しましたが、実際に始めるときにこのままの目的ではダメなのです。

地域経済の活性化とは自分の町ではどんな状態なのか？利用シーンや生活シーンを具体的に想像した上で、達成したときにどうなるのかを考えておかなければなりません。

この２つが起こりやすいのは、行政主導による地域通貨事業です。「地域通貨を導入し、地域経済を活性化させる」という目的になりがちで、これでは地域通貨事業は失敗してしまいます。

目的とは、たとえば「花火大会の資金」を地域通貨事業の収益の一部でまかなうといった、具体的な活動内容を設定す

ることです。

　偉そうに言う私たちも、「めぐりん」を始めたときは大失敗しました。とりあえず加盟店開拓だ！と営業したり、カードユーザーを増やそうと躍起になっていました。
　結果は当然失敗し、再度仕切り直しの際に、地域の役に立つとはどんなことなのか。具体的な活動を明確にするところまでブレイクダウンしました。
　このことから、目的は経済優先ではなく、エシカル的なコミュニティーの活性化を具体的に示すことがベターであることがわかると思います。ちなみに、エシカル消費とは、環境、人、社会、地域に配慮する「倫理的な」観点からの消費の形のこと。人々が日々生活をしていく中で消費活動は必ず発生するので、一人ひとりがエシカル的な消費をすることで地域には大きな力になります。
「それならクラウドファンディングでもいいのでは？」と思うかもしれませんが、目的はあくまでも花火大会を開催したいとか、キッザニアのような職業体験テーマパークを作りたいなど、ふだんの生活の中で地域通貨を活用し、少しずつの善意で作り上げられるものです。
　ただし、矛盾したことを言いますが、最初から崇高な理念だけで取り組めるわけではありません。実際は加盟店の数もなきゃダメですし、流通量も多いに越したことはありません。10店舗より、100店舗でスタートしたほうがいいに決まっています。ですから、仕掛けも必要なのです。数字を一切追わずにキレイごとだけでは成り立たないのも現実です。

25

地域通貨のルール③
運営の主役は地域の人

コンサル？

地域住民？

POINT

1　地域通貨事業は多くの人が関わったほうがいい。

2　経済的なメリットが小さい地域通貨事業の継続に
　は地域住民の「想い」が必要。

地域通貨事業を始めるのは簡単です。お金さえ支払えば、だいたいのことがこなせるシステムはすぐに準備できます。

　しかし、多産多死といわれる地域通貨事業を継続的に行っていくには、できるだけ多くその地域の人が関わるということはとても重要だと思います。

　私たちは地域ポイント事業を始めて今年で13年目になります。民間だけでスタートした私たちは幾度も失敗し、壁にぶつかり、そのたびに悩み考えながら、手探りでやってきました。この12年間、何とかやって来られたのは援助してくれる人たちがいたからです。その経験の中からわかったこと、それは「地域通貨は人と人とのコミュニケーションがなければ成り立たない」こと。つまり、一番大切なのは「人」です。

　世の中は、どんどん便利になり、周りを見渡すとほとんどのモノがネットで手に入ります。手に入らないのはリアルな体験、人の気持ちのような形にできないものだけではないでしょうか。その形にできないものを地域の中で表現してつなぐ道具、それが地域通貨の役割だと考えています。

　そして、主役は地域通貨ではなく、それを使いこなす地域の人たちで、同じ道具を使っても、その地方の人たちのコミュニティーで作った地域通貨は、私たちとはまた別物になることでしょう。

　地域通貨は、その土地、場所に合った、豊かな暮らしづく

りを支える一つの道具で、設計図は地域の人が描くものです。

　地域通貨事業を継続的に行っていくには、できるだけ多くの地域住民が関わることが大切です。地域通貨事業を導入する目的はその地域を豊かにするということであり、地域のよさや問題を一番知っているのはその地域に住む人たちだからです。

　そして、子供たちによりよい環境、豊かなふるさとを残したいと思う人はやはりそこに住んでいる人です。

　通常、円や大手ポイントと比べて、経済的なメリットがそう多くはない地域通貨事業を継続させるには、地域をもっとよくしたいという「想い」が必要です。地域への想いがある人が、通貨という道具を使い、その地域らしい豊かさを作っていく。そこに住む主人公はその地域に住む人たちで地域通貨ではないということです。

　そして、地域の人が主体となり設計図を書いていくとき、その地域ならではの課題を見つけることができます。

　たとえば、子供たちにスポーツを通して夢を持ってもらいたい、町の伝統を残したい、援助が必要な人を助けたいなど、「自分たちの町をこうしたい」といった想いがきっと大きなエネルギーになるはずです。

26

地域通貨のルール④
流通量を増やす

たくさん貯まる

SHOP

POINT CARD

使い道いろいろ

POINT

1 **流通量がキモ。**

2 **地域マネーはエシカル消費以外の動機付けを。**

3 **ポイント型はポイント付与、もらえる量の両面で増やしていく。**

地域通貨事業を持続可能にするには、ある程度の流通量が必要です。そもそも、地域住民が地域通貨を持たないことには使うことができません。お金を地域通貨に換える地域マネーの場合、エシカル消費だけではお金に比べて利便性は欠けるため、チャージする人は限定されます。

　地域ポイントは付与する加盟店とユーザーがもらえる量を増やすことが求められます。ポイント付与に関しては、加盟店だけでポイントを回すよりも、行政施策や地域の経済団体、企業などの協力も欠かせないでしょう。

　事業を始めると加盟店の数ばかりに気を取られますが、利用する人が少なかったり、ポイントの流通量が少なかったりすると加盟店が疲弊してしまいます。ポイントを市場に流し込む仕組みを作れば、加盟店は自然に増えます。

　そして、忘れてはならないのが、お客様（ユーザー）がもらえる量（＝流通量）を増やすことです。いくら加盟店が増えても地域ポイントをもらって使うのはお客様です。加盟店や事務局だけではなく、お客様の視点に立って考えなければなりません。

　もらえる量が増えれば、地域通貨を利用する人とお店のバランスを取ることもできます。5万ポイントを500カ所で分けるのと、500万ポイントを500カ所で分けるのではどちらがいいかは明らかです。

　もらう量が少なければ交換できるものも少なくなります。買い物をしたときに100円につき1ポイントの付与だけでは、

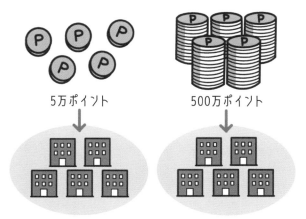

5万ポイント　　　　　500万ポイント

使うまでにかなりの時間がかかり、大手決済事業者のポイントサービスのほうが圧倒的に便利で魅力でしょう。

　大手決済事業者のポイントと地域ポイントの違いは、地域ポイントは、決済時だけではなくさまざまなシーンで発行することができるというところです。

　民間なら来店ポイント、エコポイント、イベント参加ポイント。行政や商工団体であれば、子育て支援、慶弔金、健康診断受診、プレミアム商品券など、多種多様な発行が可能です。プレミアム商品券などは地域ポイントで渡すことで、貯金されず、一定期間の間で消費され地域の消費喚起にもなるでしょう。紙ではなくデジタル化を図ることでデータを取得し、そのデータを利活用し、マーケティングに利用することもでき、換金作業も簡素化されます。

　地域通貨の目的でもある自分たちのふるさとを豊かにする。そのためにも、行政、企業、各種団体などと協力しながら発行量を増やす施策が必要です。

27

地域通貨のルール⑤
デジタルと
アナログの2本立て

紙　　　ICカード　　アプリ

POINT

1　**紙はわかりやすいがコストがかかる。**

2　**デジタルはコストが削減できるものの、高齢者へ
のフォローが必要。**

これまでほとんどの自治体は地域商品券やプレミアム商品券を紙で運用していました。平成27年に初めて「ICカード」がOKとなってから、徐々にデジタル化が進み、昨年からは新型コロナウイルスの影響もあって急速にデジタル化が進みました。

　だからといって、もう紙は時代遅れだと言いたいわけではありません。紙とデジタルをいろいろな角度から比較してみましょう。地域通貨には紙、カード、アプリが考えられますが、便宜上、紙はアナログ、アプリはデジタル、カードはその中間とご理解ください。

・分析・効果測定

紙：効果測定を行おうとしたとき、アナログのアンケート方式で正確性には欠ける。また、効果測定の分析には時間と労力がかかる。

アプリ：購入者の情報を登録することで（任意）、購買履歴なども即時可能となる。また、正確なデータでの効果測定も行える。

・事務作業

紙：紙の商品券が利用されたあと、利用先店舗から利用後の商品券を回収しアナログ作業で精算を行うため時間と労力がかかる。

アプリ：チャージ、精算、換金の作業をデータで管理することが可能になり、事務作業が軽減され人的ミスなどは起きに

くい。

・利用方法

紙：発行単位は500円、1000円が主流で、お釣りを出せないために低額商品を扱うお店では利用しにくい。

アプリ：1円単位で利用することができ低額商品を扱うお店でも利用しやすい。

　地域商品券が紙からデジタルになることで、さまざまな作業が簡素化され時間と労力の削減と正確なデータを取得することで、今後の施策を考える上での資料として活用することが可能になります。

　しかし、地方においてはデジタルが苦手な高齢者は多く、紙の商品券からデジタル商品券にスムーズに移行していくためには、環境づくりが必要となります。

　私たちが地域通貨事業を始めた10年前に比べて、キャッシュレスは進み、さまざまな種類の決済サービスが増えました。

　この先、地域通貨が埋もれずに利用され続けるには、キャッシュレス時代の変化に対応しながらも現場のサポートは最重要課題です。

紙、カード、アプリの違い

種類	メリット	デメリット
紙	・わかりやすい ・高齢者も参加しやすい ・スマホを持たなくてもよい	・印刷代や事務作業に労力、コストがかかる。 ・清算業務にかなりの負担がかかる ・正確なデータ取得・分析ができない ・1円単位の利用ができない
カード	・印刷代がかからない ・簡易なデータ取得ができる ・高齢者でもデジタルよりは使いやすいと感じる人が多い ・1円単位で使える	・カードが必要 ・決済端末が必要 ・システムトラブルなど利用が一時停止される可能性がある ・こまかなデータの取得、分析はできない
アプリ	・印刷代や事務作業の労力コストの削減。 ・正確なデータ取得・分析ができる ・接触の機会が減る ・1円単位での利用ができる	・スマホが必要 ・高齢者など利用しにくいと感じる人がいる ・システムトラブルなど利用が一時停止される可能性がある

PART 4

地域通貨のつくり方

28 地域通貨の仕組みづくりと運用の流れ

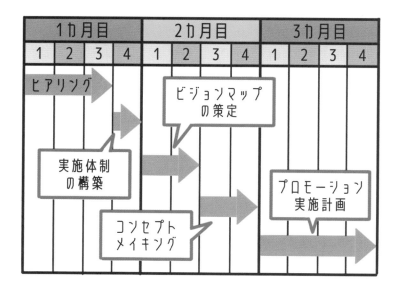

POINT

1 適切な順番に沿ったロードマップを作る。

2 目的と手段をごちゃごちゃにしないこと。

3 最初は地域の課題整理から。

地域通貨事業を始めようと思ったら、まず地域通貨を使って何をしたいかを考え、適切な手順を追って進めていく必要があります。

・地域の課題を整理する。
・自治体、商工団体、民間事業者の連携は？
・誰が（主体者は誰か？）始めるか？
・業務範囲を決める。
・地域マネーか、地域ポイントか？
・具体的なスケジュール感を把握する。
・ユーザーを確保する。
・加盟店を増やす。
・地域事業（行政）との連携を視野に入れる。

　大事なことは目的と手段をごちゃごちゃにしないこと。そのためには最初に地域の課題を整理することから始めてください。目的をはっきり定めるのです。
　PART4では、地域通貨事業の進め方に関するノウハウを順番に紹介します。そして、PART5では、PART4の手順に沿って、私たちが運営する「めぐりんポイント」をどうやって始めたのか、どんな苦労があったか、現状やこれからの展望などをお話しします。

29 地域の課題を整理する

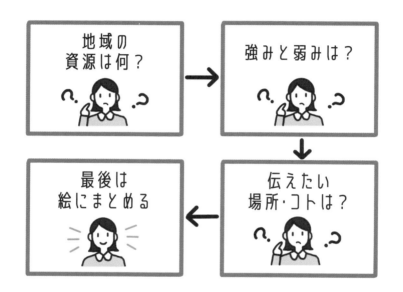

地域の
資源は何？

強みと弱みは？

伝えたい
場所・コトは？

最後は
絵にまとめる

POINT

1　地域の課題を整理することで、目的が見える。

2　プロセスは「地域の課題の洗い出し」「地域の魅力は？　自分
　の強みは？」「書面に書き出す」「ビジョンマップの策定」の4つ。

地 域通貨が果たす役割は、地域のお金を地域で回し、地域経済とコミュニティーを活性化させることです。そうすることで、地方からの人口流出を食い止め、地方へ人が流れる仕組みづくりを実現するというものでした。地域通貨では人を流出させない（囲い込む）ことに注目されがちですが、外からのお金を稼ぐことも必要です。

　だからこそ、現状の課題を把握する過程で、その土地ならではの魅力を再発見することも大切です。ただ漠然と地域活性化という抽象的なお題のまま事業を進めると、いつのまにか「地域通貨を作ること」が目的になってしまい、結果的に失敗する傾向にあります。

　地域通貨事業はあくまで手段です。まずは目的をしっかり定める。そして、そのためには、自分たちの地域がどういう状況なのかを、把握することから始めます。

　目的を定めるためのプロセスは次の4つです。

◼️1 地域の課題の洗い出し

「どこの、誰に対するもの？」「地域の特徴は（最近流行っているモノは）？」「町の歴史は？」「文化や風習は？」「ビジョン、将来の展望は？」といった町の現状を洗い出し、それぞれ事実確認をします。地域資源をあらためて掘り起こすことで、地域の価値を再考することができます。

◼️2 地域の魅力、強みは？

　現状を洗い出したら、その中で地域の強いところ、弱いところを見つけます。また、大局的な考えのもと、弱みも強み

に変える視点で地域資源を再設定します。そして、そこに関わる人たちの強みも一緒に考えます。

③ 地域資源を書き起こし

　強みと弱みがわかったら、具体的に伝えたいコト、伝えたい場面を書き起こします。①と②を考えることで、「当たり前に思っていたことが魅力だよね」という気づきが得られます。そこから、地域通貨を活用したときの具体的な利用シーンを創造し、関係する人たちが、どのような未来の町に住んでいるかを考えて、その内容を文字に起こしましょう。

④ ビジョンマップの作成

　①〜③で文章化したものをヴィジュアル化します。今はないものも含めて、次世代に残していきたい地域のあるべき未来の姿を、一枚の絵として描きます。

　地域通貨事業は最初が肝心です。地域通貨事業をやりたいと言われて、事業が始まってから中身を作ろうとするプロジェクトをたくさん見てきました。行政案件は特に地域の課題整理がなされていない状態でスタートすることが非常に多いです。これは、行政の単年度事業性による弊害かもしれませんが、形式的な中長期の視点はあるものの、単年で予算が組まれ、考える時間も少ないということも原因でしょう。

　課題もビジョンもステークホルダーも中身が議論されないまま、システム構築することだけに意識がとらわれないように気をつけたいものです。

30 「誰が」地域通貨事業を始めるか？

POINT

1　**自治体主導型は自治体が民間事業者へ業務委託。**

2　**商工団体主導型は商店街組合や商工会議所、商工会など。**

3　**民間主導型は民間単独で運営。**

地 域通貨事業の実施体制は大きく分けて、自治体主導型、商工団体主導型、民間主導型の3つです。それぞれの特徴を見てみましょう。

・自治体主導型

　自治体が主導する主なメリットは2つ、イニシャルコストに税金が投入されることと、信用力があることです。まず、自治体が主導する場合は

イニシャルコストや運営費は最低でも1年、中期計画の場合3年間は予算（公金）があります。そして、行政が運営しているという信用力があります。導入当初から公共性が高く、ポイントの信用があることは大きなアドバンテージです。

　しかし、注意点もあります。自治体は直接運営せず、業務委託を受けた民間事業者が実務的な運営を行うのが一般的です。つまり、日々のマネジメントに自治体関係者は関与しないことになります。ここには構造上の大きな課題があります。事業は毎日イレギュラーなことが起こります。小さなトラブルからクレームまでさまざま発生しますが、特にこのクレームには事業を成功させるヒントがたくさんあります。それらを元にサービスのブラッシュアップやバージョンアップをしなければなりません。しかし、自治体案件の場合、計画書通りに進めたいという杓子定規な一面があり、柔軟性に欠け、

サービスレベルがスピーディーに向上しないのが事実です。

・商工団体主導型

　商工団体などの場合、最初から組合の会員に協力を要請しやすいことがメリットとして挙げられます。加盟店やユーザーをどのように集めて

いくかは、スタートアップ時の大きな壁になりますが、最初から協力者が周囲にいることは大きな利点です。また、商工会議所や商工会などは町づくりに関する具申提言を自治体へ行うことができ、補助金の受け皿にもなることもメリットでしょう。

　一見、よさそうに思える体制ですが、問題もあります。組合はいろいろな社長の集まりで、商工団体の組合員や会員はみなさん本業をお持ちです。つまり、自身の事業を経営しながら、片手間で関わるという状態になってしまうのです。

　また、組合には専任で事業に従事する責任者がいません。責任者や担当者が短期間で交代するので、責任を取る人がいなくなり、うやむやになることも少なくありません。

・民間主導型

　民間の場合、自己資金と自己責任のもと、スピード感を

持って自由に何でもできます。自身でお金を出しているので、人にとやかく言われることがないのです。

ただし、最初は信用がまったくありません。ブレイクポイントに達するまで大変な時間と労力とコストがかかります。大変な労力と時間とコストをすべて自分で背負い、責任を取らなければならないのは相当なプレッシャーになります。ある意味、会社を立ち上げるのと同じです。

以上、それぞれにメリットとデメリットがありますが、それぞれの特徴を見極めて、それぞれが役割を果たしていくことが重要です。ただ、自治体主導型も商工団体主導型も、最後は自立しなければなりません。特に、運用上の諸経費をいつまでも税金に頼ってはいけません。最終的には民間主導で運営事業者が自立できるような事業計画を立てることが必要でしょう。そのためにも、どの型がよいかというより、官民一体となって取り組む必要があり、むしろ、今はその展開の仕方に問題があると言っても過言ではありません（134ページ）。

31 「誰と」地域通貨事業を始めるか?

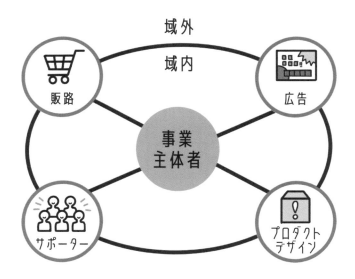

POINT

1　事業体制の設計が目的。

2　プロセスは「つながりの再考」「つながりの可視化」「ゆかりのある人づくり」「体制設計」の4つ。

地域通貨事業の主体者が決まったら、次は事業体制の設計です。

① 地域内外のつながりを再考

　主体者を中心に、その周辺にどういうつながりを持つ人たち（企業や団体）がいるのかを考えるのが目的です。コツは地域内と地域外で分けて考えること。「広告会社は誰がいるか？」「加盟店を開拓してくれるのは？」「プロダクトデザインを任せられるのは？」「民間のサポーターはいるか？」など、地域に必要なチームや役者を整理します。

② つながりの可視化

　仕事の視点で、つながりを考察します。たとえば、「広告」なら、「イベント」「WEB展開（口コミ含む）」「雑誌やテレビなど、マスコミへの露出」など、どういう仕事があり、それは誰に任せられるか、という点で考えます。

③ ゆかりのある人づくり

　関係人口を増やす仕組みづくりです。東京にアンテナショップを出店するといった域外に広げていく企業や団体、域内で迎え入れる企業や団体をそれぞれ見える化し、具体的なチーム作りを考えます。

④ 夢の実現のためのつながり設計

　①〜③で文章化したものを、組織体制図として整えます。

32 実施範囲は 狭すぎても広すぎてもダメ

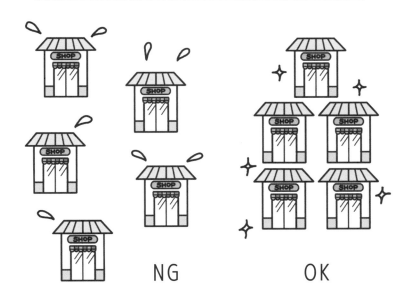

NG   OK

POINT

1　適切な規模は1万〜50万人。

2　行政区単位で区切る。

3　大手の協力は条件付きなど施策を講じる。

地域通貨事業を展開する範囲は、狭すぎても広すぎてもうまくいきません。商店街のような一部のエリアだけに絞るとマーケットが小さくなり、うまく稼働せずに採算性が合わなくなってしまいます。かといって、県をまたぐ取り組みは広すぎます。

イメージ的には、行政区単位で区切るというのが一つ。支援や補助、インセンティブを行政が出すときに市や県を越えてしまうと、ほかのエリアにお金が流れていくことになり、一般的には受け入れられにくいでしょう。

ただし、広域連携を図るなど、圏域を新たな行政単位に位置付けることで、エリアを限定することも可能になります。

私が知るかぎり、一番小さいところで1万人規模でポイント事業を運営していますが、最大でも80万〜90万人後半ぐらいまでの規模が適切だと思います。そして、ユーザー数に関しては、最初のスタート段階においては、人口の10分の1を当面の目標にするといいでしょう。

また、加盟店に関しては、できるだけ密集している「核」が必要です。最初の加盟店が10店舗だったとき、バラバラに点在するよりも、一つのエリアに固まっていたほうがのちのち広げやすくなります。

アプリやカードの利便性を考えると、大手コンビニチェーンやスーパーといったナショナルチェーンで使えることが普及のきっかけとなることがあります。地元のお店を応援するといっても、毎日使うのはスーパーやお弁当屋さんが多いと

いう人も多いでしょう。多くのユーザーに使っていただくことを考えれば、大手の協力はあったほうがいいかもしれません。

　ただし、注意しなければならない点があります。ある自治体では、最初は一部の大きな商業施設がポイントサービスを行い、そこから派生して域内の地域ポイントを始めました。

　ところが、強いところに流れる性質があるのは円だけでなく、地域通貨も同じです。結果、利用者がナショナルチェーンに流れてしまったのです。この現象は、特に最初のコンセプトメイキングがしっかりと行われていない場合に起こります。ポイントの付与率を変えるなど、少し条件を変えることによって、差別化を図るなどの応急処置はできますが、根本的な制度設計を作り直す必要があるでしょう。

　ちなみに、以前、市場調査したとき、加盟店の分布が分散しているか、または密集しているかでポイントの利用率を比較したことがあります。すると、明らかに後者のほうがポイントの利用率が高いという結果がわかりました。

　加盟店が分散されていると、同じポイントサービスでも利用頻度が低くなってしまうので、商店街や一部のまとまったエリアなど、固まり（核）を作ってから展開するほうが、利用者にとっても使いやすく、加盟店も広がりやすい傾向にあります。

地域マネーか、
地域ポイントか?

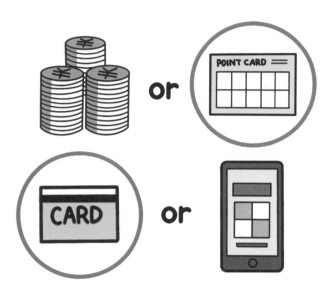

1 地域マネーと地域ポイントの採算性は?

2 カードとアプリの併用。

3 キャッシュレス化はDX(デジタルトランスフォーメーション)の第一歩。

考えるポイントは2つ。「地域マネーか、地域ポイントか？」と「カードか、アプリか？」です。

地域マネーと地域ポイントの違いは法律面やコスト面から比較してきました。

経済を回すならマネーですが、収益率が低く採算に合わないため、運用は非常に困難です。実際に決済手数料だけで自立自走しているものはないと言っても過言ではありません。資金決済法というハードルも高く、相当の流通量が必要となります。

一方、地域ポイントは収益性が高いものの、こちらも自走させるためには、相当の運用サポートが必要となります。

地域通貨の媒体として考えられるのは紙か、カードか、アプリの3択です。

今後のことを考えると基本的にはアプリでの運用がオススメです。カードは飽和状態ですし、これ以上カードを作れと言っても利用者視点で考えると、もうこれ以上お財布にカードを入れたくないというのが本音としてあります。

ただ、アプリでもすでにスマホの画面がいっぱいという人もいるので、近い将来はアプリすらなくなり、まったく別の媒体が生まれる可能性すらあります。当面は、カードからアプリに変わったことで、いろいろなカードを持たなければいけないという不便性からの解放や、アプリから情報をプッシュ配信ができたりするメリットもあります。言わばカードは待ちのスタンス、アプリは攻めのスタンスがとれます。

高齢者やデジタルデバイド（格差）の対策のために、最初

はカードとデジタルの両方を利用できる環境を作っておくの
もいいでしょう。

　デジタル化を進める上で課題となるのが、高齢者が使いこ
なせるかどうかですが、実際のところ、意外と高齢者でも使
う人は使いますし、若くても使わない人は使わないのが現状
です。高齢だからといってアプリは使わないという先入観は
捨てたほうがいいでしょう。

　さて、デジタル化にともなう、キャッシュレス化の意義に
も触れておきます。

　現在、国内で進むキャッシュレス化には、観光インバウン
ド対策やカードセキュリティーの強化（EMV対応）という
背景があります。アナログからデジタルへキャッシュレス化
の流れを止めることはできませんが、一つ気になる点もあり
ます。

　それは、手段と目的がテレコになることです。キャッシュ
レスはあくまで手段であって、その先にある目的が何かとい
うことを明確にした上でキャッシュレス化を図る必要がある
と思うのです。

　地域ポイントの役割を考えれば、クレジットや電子マネー
は金融決済、地域ポイントはCSR活動をはたすためのツール
として活用してもらいたいと考えています。アプリでの運用
が広がっていることに加え、すべてのサービスが1台の端末
機に搭載されているので、決済とCSRツールをワンストップ
で提供することができます。

　したがって、ただカードやアプリが使えるようにするだけのキャッシュレス化ではなく、その町の地域経済とコミュニティーの2つの活性化を目的としたキャッシュレス化を図ることが重要なのです。

　そして、金融決済で取得した購買データとコミュニティー活動のインセンティブとして付与・利用されたポイント並びにSDGs活動のデータを利活用できるインフラの整備を行う必要があります。特に、買い物による購買データだけではなく、地域ポイントを活用した健康経営の取り組みデータやボランティア活動など、行動データとのマッチングにより、地元企業や住民にとって有益な情報をフィードバックすることで豊かな地方都市を創造し、この町に住みたいと思ってもらえる定住自立圏構想の一役を担うこと。これこそキャッシュレス化を進め、DX化を図る一歩（169ページ）ではないでしょうか。

34 「いつやるか？」を設計する

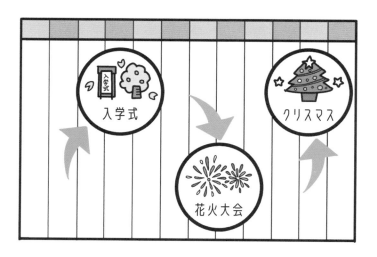

入学式

花火大会

クリスマス

POINT

1 地域にまつわる年間行事は？

2 行事に合わせたサービス設計。

3 情報発信も時期を定めて。

地域通貨事業をスタートさせる流れをおさらいしてみ
ましょう。

・地域通貨を始める目的は？
・事業主体者は自治体、商工団体、民間の誰か？
・主体者が決まったら、一緒に活動する仲間を見つける。
・地域マネーか、地域ポイントかを決定する。

「なぜ」「誰が」「誰と」「何を」やるかが決まったら、次は
「いつやるか？」を決める段階というわけです。
　ここでもプロセスは4つ。一つずつ見ていきましょう。

1 年間行事の書き出し

　地域にまつわるイベントをすべて書き出します。周年祭や
イベントなど、地域にまつわる年間行事を可視化して、再発
見を促します。ボランティアといった地域活動も含めること
がポイント。

2 サービス内容を整理

　行事に合わせて、具体的なサービス内容を設計します。定
期的にボランティアを行っているなら、参加者にお菓子では
なくて地域ポイントを付与する、夏は花火の桟敷席を1000
ポイントで交換できるようにする、などが考えられます。

❸ 域内外への発信計画作り

　情報発信のフェーズです。時期を定め、具体的な活動イメージを考えます。言い換えれば、プロモーションに近い段階です。

❹ 年間計画表の作成

　❶〜❸で文章化したものを、年間計画表として設定します。通年展開を可能とする継続性、連続性のある計画表を設計することが肝要です。

　ちなみに、「めぐりんポイント」はここまで説明してきたことを一切やらずにスタートしてしまいました。最初に10時間かけて計画を練らなかったせいで、今の状態にするまで10年かかってしまった、というわけです。

35 ユーザー(利用者)を確保する

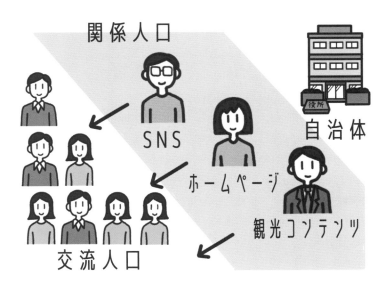

POINT

1　ユーザー数はマーケットの16%を目指す。

2　魅力を発信してくれるアンバサダー、サポーターを獲得する。

3　ステータスを与えて差別化する。

ユーザー数はマーケットの16パーセントまで普及すると、「よく見かけるね」という感覚になります。

　ユーザー数を獲得するというのは、言い換えれば「地域通貨事業」の認知度を高めることです。

　新しい商品やサービスが世の中に浸透する過程を分析した「イノベーター理論」をご存じでしょうか。アメリカのスタンフォード大学のエベレット・M・ロジャース教授が提唱したマーケティング理論です。

　この理論では、ユーザーを5つのタイプに分けて考えます。

　新しいものを進んで採用するイノベーター、流行に敏感なアーリーアダプター、平均より早く新しいものを取り入れるアーリーマジョリティー、周囲が試してから取り入れるレイトマジョリティー、流行や世の中の動きに関心が薄いラガード。

　この5つの中で最初にねらうのは、ほかの消費者へ影響力が大きいアーリーアダプターです。ここに普及させることができれば、一気に広げることができると言われています。

　地域通貨のユーザーを増やすときも、同じような考え方をもとに施策を行います。

　ユーザーの分類は、アンバサダー、サポーター（関係人口）、観光客（交流人口）、地域住民（定住人口）です。

　アンバサダーは魅力を発信する人、サポーター（関係人口）は共感し参加する人、観光客（交流人口）は魅力に共感

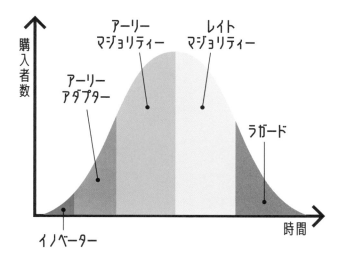

する人、地域住民（定住人口）は魅力に気づく人です。

　ユーザーを増やしていくためには、アンバサダーやサポーターにホームページやSNSで観光コンテンツや商品の魅力を発信してもらい、それに共感した観光客や地域住民の共感を誘うのです。

　つまり、最初に増やすべきはアンバサダーとサポーターです。

　どういう人たちがアンバサダーやサポーターになるかというと、地域通貨をたくさん使ってくれる人たちです。たとえば、年間の消費ポイント数によるランキング制を導入したり、フォロワー数といった基準を設けたりして、ステータスを与える。こちらからアプローチをして認定してしまうわけです。予算をかけて不特定多数に広告を打つより効果的で確実な方法だと言えるでしょう。

36 加盟店の増やし方

入口戦略

ポイントを貯める

ポイント

出口戦略

ポイントを使う

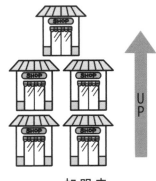

加盟店

POINT

1 プル戦略とプッシュ戦略の2種類。

2 広告宣伝をはじめ、加盟店に価値を感じてもらえるサービスを提供する。

3 営業活動を行うときは、同じ価値観の仲間を探す。

加盟店に関しては、商品券事業で使えるお店の数と考えるとイメージしやすいかもしれません。

加盟店を増やす方法は、プル戦略（広告やPRなど）、プッシュ戦略（直接的な営業活動）の2種類です。プル戦略、プッシュ戦略共通の「加盟店に提供できるサービス」について説明します。

加盟店に提供できるサービスは、サービスの説明もしながら、このサービスを利用することで、地域経済とコミュニティーの再生を図るという事業コンセプトに共感していただける、同じ価値観の仲間を探すことが大切です。

1 広告宣伝（フリーペーパーやホームページ、SNSなど）

最初は、加盟店のPRやユーザーの利用促進のため、各媒体を活用する必要があります。ある程度のユーザー数が集まれば、アフィリエイト広告で収益を得ることもできます。事業で登録されたスマホアプリの利用者へアプローチし、クリックした利用者が商品やサービスを購入することで成果報酬としての収益を得ることができるのです。そのため、媒体価値を高めておくことも、今後事業を自走するために必要な要因となります。

アフィリエイト広告は、ASP（アフィリエイトサービスプロバイダー）に登録するだけで、さまざまなジャンル・商品の広告掲載を始めることができます。成果報酬という形態であるため、ほかの広告のように広告料を払ってくれる企業を募る必要がなく、掲載開始してすぐに収益を得られる可能

性があります。

② 共通ポイントによる地域連携

　地域のムダになっていた独自ポイントサービスを共通化することで、どこでも誰でも使えるようにし、新規のユーザーへアプローチできます。

③ カード・アプリユーザー数

　ICカードは1枚当たりの単価が高額なため、自店で訴求させることが困難ですが、すでに普及しているカード（お客様がふだんから利用しているカード）へポイントを付与することができることで、新規カードの発行を行う労力をかけずサービスを提供できる体制を作ります。また、加盟店にも、利用状況に応じた運用提案をする必要があります。特に、導入2〜3カ月以内に軌道に乗せることが重要になってきます。

④ 顧客管理サービスの活用

　インターネットの利用により、お客様情報を簡単に登録することができ、カードユーザーの利用履歴の閲覧ができます。カードユーザーの詳細情報を確認することにより、利用頻度の少ないお客様へDMを送ったり、誕生日の方にお店からサービスのお知らせをするなど、状況に合わせた的確なアプローチができます。

　ちなみに、サービスインの際には、ポイントを貯める（入

口戦略）とポイントを使う（出口戦略）この両方がバランスよく整う必要があります。特にポイントを貯めるカードユーザーとポイントの総量がキーになるため、入口戦略を十分に満たした状態で、ポイントを利用できる加盟店開拓を行うほうがベターです。

　また、立ち上げる労力とおなじぐらい、フォローアップが大切です。加盟店の利用促進を図り、使い続けてもらい、さらに利用してもらう。メディア媒体をしっかり充実させて利用促進を図りましょう。イニシャルコストと同じくらいの予算をかけてもいいほどです。

37 官民連携は必須

民間

働きかけ

商工団体

陳情

依頼

自治体

役所

POINT

1 行政の支援がないと本当の意味で地域通貨にならない。

2 理想は「民間→商工団体→行政」のローテーション。

3 支援はポイントの原資負担がよい。

事業主体者は自治体、商工団体、民間の3つでしたが、商工団体であれ、民間であれ、行政との連携はマストです。行政からの交付金や補助金といった最初のひと転がりの支援がないと、立ち上げはかなり厳しいのです。お金だけでなく、協力してくれる仲間や応援者がいることも重要です。この点が、多くの地域通貨がうまくいかない大きな理由の一つです。

　最近は行政側からのプロポーザル（入札、コンペ）によって、地域通貨事業を始めるケースも目立っています。行政側も地域通貨に対する意識が高まっている証拠でしょう。

　これは理想論でしかありませんが、地域通貨は「民間の有志が集まる→商工団体を入れる→行政に働きかける」という形が理想だと考えています。

　地域通貨はどこまでいっても、「人」ありきです。地域を何とかしたい！という地元の人たちのやる気が重要なのです。ただし、有志の集まりはあくまでも民間です。そのため、行政側に「地域通貨事業が必要だ」と働きかけても、ただの個人的な意見として取り合ってくれません。行政はいち民間企業を応援することはできないためです。

　そこで重要な役割を果たすのが商工団体です。商工団体は「地域の商工事業者の代表」です。しっかりとまちづくりに関して内部で議論し、行政に対して具申提言を行う。行政はインフラ整備が役割ですから、そのために予算をつけ、商工

団体がしっかりと推進していく体制を作ることが重要です。

　具体的には、行政は、イニシャルコストとランニングコストを3年計画で予算化し、その後は民間会社として自立自走できるモデルを構築。4年目以降、自治体はシステムなどのランニングコストにはお金をかけず、給付金（ポイント原資）などに予算をつけたり、集まったデータに基づき商工団体と協議し、今後の政策立案を行う。つまり、民間→商工団体→自治体のローテーションなのです。

　また、行政から支援を受けると、加盟店やユーザーに対して、すべてタダで出してしまうことが少なくありません。たとえば、お店に「実証実験だから」という理由で、システム利用料なしで置いてしまいがちです。その後、自走するときに有償化しなければなりません。つまり、通信費やアプリの費用、決済手数料などがかかってくるわけです。そうなると、2000〜3000円の加盟店負担が最低でもかかりますから、「3000円もかかるなら、やめようかな」となってしまいます。業種によっては1円も払いたくないお店だってあります。

　具体的なキャッシュポイントが何処にあるのかをしっかりと見据えて、事業スキームを構築する必要があります。

PART 5

実例で見る、
地域通貨の実践と運用

POINT

1 香川県を地元のみんなで応援するポイント。

2 地域スポーツ応援や健康経営など、地域振興の取り組みに貢献。

3 年間の総発行ポイント数約2000万ポイント。

香川県は面積が1876km²で、全国で最も狭い県です。昔は大阪が一番狭かったのですが、関空ができたことで大阪が2番目になり、香川が日本で最も狭い県になりました。

　私が若い頃には100万人を超えていた人口も、平成12年ごろのピークからどんどん減り、毎年、だいたい9000人ずつ減少しているという推計が出ています。ちょっとした小さな町が毎年消えているような状況です。20年後にはさらに2割ほど減少し、約70万人になると言われています。0〜14歳の人口が減り、65歳以上の人口がどんどん増えていて、65歳以上は31パーセント（平成29年度）とすでに超高齢化社会に突入しています。

　めぐりんポイントは、そんな香川県を地元のみんなで応援するポイントです。ポイントと聞くと「100円のお買い物をすると1ポイント貯まる」といった、お買い物ポイントを想像する人が多いかと思いますが、めぐりんポイントは、暮らしの中のさまざまなシーンで利用される香川県のコミュニティーポイントを目指しています。

　つまり、消費喚起とコミュニティーの活性化の一役を担い、地元香川をみんなで応援する地域振興のためのポイントです。その中でも代表的な取り組みをいくつか紹介します。

① 地域スポーツ応援

　香川ファイブアローズ（Bリーグ：バスケットボール）、カマタマーレ讃岐（Jリーグ：サッカー）など、香川県のプロスポーツチームや任意団体のファンカード、会員カードとして活用されており、ジャンルを超えて共通ポイントが活用

されているという全国的にもめずらしい取り組みです。

② 健康経営

　従業員の健康管理や健康づくりの推進は、単に医療費の削減につながるだけでなく、生産性の向上や従業員の創造性の向上、企業イメージの向上などの効果が得られ、企業におけるリスクマネジメントという観点からも重要な取り組みであることが理解され、県内でも100社（平成29年9月時点）の企業が健康宣言を行っています。

　めぐりんポイントは、この健康経営に取り組んでいる従業員のモチベーションを高め、取り組み内容を見える化する健康アプリを企業に提供し、結果に応じたインセンティブをポイントで還元しています。めぐりんポイントで付与することで企業の福利厚生が地域の消費喚起と社員モチベーションの向上に寄与するという健康経営支援プログラムです。

③ 清掃、ボランティア

　商店街周辺の掃除が毎月第1日曜日の午前8時から行われており、参加者へ300ポイントを付与しています。地域ポイントにすることで、帰りにコーヒーを飲んで帰る人、化粧品を買う人、髪をカットした時の割引に使う人など汎用的に利用ができるため、大変重宝されています。

④ 高松空港での利用

　2018年4月に高松空港の民営化をきっかけに高松空港と市街地をつなぐ一つのツールとしてめぐりんポイントが利用さ

れています。来港ポイントが貯まるアプリの提供、空港内の
ラウンジ利用時の支払い、高松発の航空券、パッケージツ
アーとの交換など、さまざまな利用シーンを設けています。

⑤ 四国電力、四国ガスとの協力

　四国電力の「よんでんポイント」、四国ガス「ガポタ」と
めぐりんポイントと交換ができます。香川県では、電気、ガ
スで貯まったポイントの交換先がめぐりんポイントになるこ
とで、約500カ所の商店で利用できることにより、地元商業
の活性化の一役を担っていただいています。

⑥ 寄付

　香川県内に設置されている5カ所のKIOSK端末（めぐりん
ステーション）で、県内10カ所のNPO団体へ任意で1ポイン
ト1円として寄付ができます。寄付先の主な団体は、子育て
支援や障がい者の自立支援事業などを中心に活動していると
ころが大半です。日本には寄付の文化がまだまだ根付いてお
らず、それを集めるための有効な手段がない中で、ふだんの
生活の中で自然と地域の役に立つことができる仕組みとなっ
ています。

　めぐりん事務局は2009年1月21日に設立して2021で13年目
になります。地域ポイントの輪が少しずつ広がり、年間の総
発行ポイント数約2000万ポイント、年間総利用ポイント数
約1600万ポイント（2018年実績）と、香川県でナンバー1の
地域ポイントにまで成長しました。ところが、今に至る道の
りは非常に険しいものでした。

スタート半年で
加盟店がほぼゼロに

POINT

1 目指す目的がないままサービススタート。

2 半年で加盟店はゼロに。

3 あらためて地域にできることを模索し、共感してくれた商店街と再スタートを切る。

め　ぐりんポイントは最初、小売店の販売促進や顧客の囲い込み、消費者行動データの取得のために利用するポイントサービスとしてスタートしました。当時はとりあえずポイントが利用できるお店を募り、カードをばら撒きさえすれば、サービスが稼働すると思っていたのです。もちろん、世の中に星の数ほどあるポイントサービスの中で、めぐりんポイントはどのようなポイントサービスを目指しているのかというビジョンがまったくありませんでした。

　今思えば当然の結果ですが、開始から半年で加盟店がなんと0になってしまいました。最初は、知り合いのお店や協力企業、関係者を頼り、何とか40店舗ほどのお店に導入をしてもらいましたが、月額の利用料金やイニシャルコストがかかるため、新規加盟店が増えるどころか半年もするとほとんどのお店が解約になり、たちまち運営が成り立たなくなってしまったのです。

　そして、会社は債務超過に陥り、資金ショート寸前のところまで落ち込みました。いったんサービスをストップしてコンセプトや運用スキームなどのリニューアルを行うと同時に事業計画そのものを見直さざるを得ない状況でした。

　第一に考えたのは、なぜ加盟店になったお店が半年もしないうちにその大半が解約してしまったのか、です。何件かの加盟店へ理由をヒアリングすると、次のような理由が挙げられました。

・利用者がいない。

・月々の利用料がかかる。

・とりあえず付き合いでやっていた。

「利用がない」というのは、裏を返すとカードユーザーに対してポイントを貯めるメリットや貯め方などの周知がほとんどできていなかったということです。

次の「月々の利用料がかかる」は、加盟店にとっては普通のお買い物ポイントでしかなく、固定費や手数料を払ってまで他店と共通利用する価値がないと感じていたのです。お店独自のポイントサービスであれば、お客様を囲い込むにも関わらず、なぜお金を払ってまで自分の店で付与したポイントを他店で利用されなければならないのかという考え方です。

最後の「とりあえず付き合いでやっていた」と答えたお店は、やってもやらなくてもよかったけど、しばらくやってみて効果やメリットが感じられないので、「お金もかかるし利用がないので解約したい」というものでした。

これらの理由のすべてに共通することは、めぐりんサービスに参加するメリットや意義がないということです。

スタートからわずか半年でほとんどの加盟店が解約になり、先が見えない中、冷静に現状を理解することができませんでした。しかし、資金も底をついた状況では、そんなことを

言っていられません。

　地域資源の洗い出しとその価値をあらためて見直し、地元の強みや弱みが何かということを再考したのです。なぜなら、地域で利用されるポイントにするためには、地元ならではの魅力や将来、どのような町になってほしいかという未来への期待、そして次世代へ何を残すことができるのかという理想をしっかりと描くことが重要だと考えたからです。

　その結果、自分たちの生まれた町がこのポイントを活用することで元気になってほしいというテーマが決まり、めぐりん事務局は新たなスタートを切りました。

　具体的なテーマは3つです。

　地方圏からの人口流出を食い止め、地方圏への人の流れを創出し、圏域全体で必要な生活機能を確保すること。それに対して、地域ポイントが機能の一つとして地域産業の活性化に役立つようなスキームを構築しています。

　人口流出は、地域全体が一つの加盟店とみなし、お客様は住民全員だという観点から、地域ポイントで囲い込みを行います。飲食店や物販店がポイントサービスをするのは、自店に来たお客様を囲みたいからです。その地域版です。

　地方圏への流れの創出は、観光客に対して、香川県へ来ると地域ポイントを使ったほうがお得だと思ってもらえるサービスを提供することが重要だと考えています。ポイントサービスはクーポンや割引のような一過性のサービスとは異なり、ポイントを貯める楽しみを動機づけることができます。めぐ

りんポイントが地方発の地域ポイントサービスとしてブランド化することを進めています。

　圏域全体で必要な生活機能の確保は、まず地域ポイントが生活に必要な機能になるようなサービスを行っています。これは138ページですでに紹介したとおり、ボランティアや買い物、健康、スポーツチームの応援、ガス・電気のポイントなど、生活のさまざまなシーンで利用されているポイントを共通化することで、圏域全体の生活機能の一助を担っているのです。

40 めぐりんポイントは民間主導型

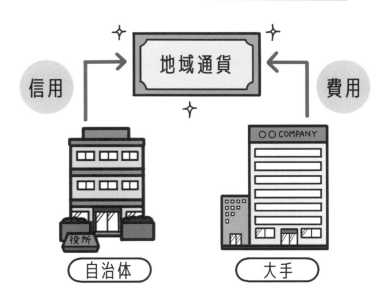

1 **最初の4年間は赤字続き。**

2 **大手事業者と組むことで存続へ。**

3 **行政や大手事業者との連携は必須。**

地域通貨の事業主体者は、自治体主導型、商工団体主導型、民間主導型の3つ。

　めぐりんポイントは、このうち民間主導型の最たる例で、最初の4年間は毎年赤字続きでした。そもそも、このようなインフラビジネスかつ社会事業を民間会社が行うには荷が重すぎて、経験も知識もないゼロからのスタートでうまくいかないのは当たりまえです。ポイントの手数料や精算処理、営業ツールなど、今のような手本となるようなスキームもありませんでしたし、当時手元にあったのは端末機とカードのみ。ひたすら利用場所を増やすことで精いっぱいだったのです。

　破綻寸前まで追い込まれたのは先ほどお話ししました。自分の生まれた町で迷惑ばかりかけてきた反省をしながら、少しでも地元の役に立ちたいという地元愛が、唯一のモチベーションになっていたように思います。今、めぐりん事務局は私を含めて5名で運営していますが、全員、香川県がふるさとです。地元のメンバーが集まり、ふるさとを豊かにするという共通の目標を持ち活動している団体です。

　とはいえ、事業内容がいくら地域の役に立つことであっても、民間で事業運営している以上、運営資金がなくなれば倒産です。自分たちでお金を稼ぐ必要があります。それには、多くのお店、企業、地域の人の協力が必要でした。

　めぐりんポイントが幸運だったのは、民間の大手事業者と連携したことです。イオンリテールの電子マネーWAONチームとフェリカポケットマーケティング社（当時ソニーの関連会社）との協業です。しかし、大手流通と連携することは、

ある側面においてのリスクを抱えていました。地元商店との競合リスクで、お客様がすべて大手に流れてしまうという固定概念が地域にはあるからです。地域ポイントの活用により大手流通と地元商店街との共存共栄をどう実現するのか。まずは、導入した結果をしっかりと見極める必要がありました。

　この事業は、社会事業に近い取り組みなので、自治体や商工団体主導で行われることが一般的です。民間会社だけでスタートすると、多大なイニシャルコストがかかることと、信用力がないため、運用がままならないからです。そのため、民間主導型では行政か大手事業者と手を組むことが欠かせないでしょう。私たちは最近になってようやく、行政との連携を始めました。10年もかかったのは、民間が先にシステムを構築し、事業スキームを作ってから行政に働きかけることはほとんどないからです。

　めぐりんポイントは非公式の地域通貨でした。地域通貨業界の「ふなっしー」です。地元スポーツチームとの連携や四国ガスや四国電力とポイント交換するなど、徐々に協力者を増やすことでポイントの信用度を高めてきました。

　自治体主導型、商工団体主導型、民間主導型は三者三様でそれぞれの特徴はありますが、それぞれの得意なパートを十分に生かせる実施体制と事業計画になっているかが重要であり、それをプロデュースする人材が必要です。全体のコンセプトメイキングを行い、ターゲットや地域の特徴、ユーザーの利用シーンなどを加味した、総合計画を立てることができるかがポイントとなります。

高松兵庫町商店街から
スタート

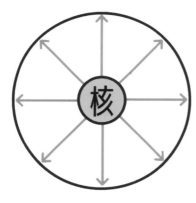

輪が大きくなる

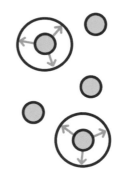

輪が広がりづらい

POINT

1 「加盟店を増やす」意識だけでは広がらない。

2 核となるエリアを見つける。

3 核ができると、その後の展開もラクに。

スタートから半年で加盟店がゼロになった大失敗。その背景には、やみくもに加盟店を集めていたという事実があります。とにかく加盟店を増やすことだけ考えた結果、加盟店が各地に点在してしまったのです。ポイントは使いやすさが大切なのに、利用できるお店がバラバラでは一向に貯まらないし使えません。

　加盟店を増やす上で重要なのは、「核」を作ること。同じ10店舗の加盟店があったとき、香川県の西と東にバラバラで点在するよりも、一エリアに固まっているほうが集積効果が出ます。その核を中心に、周囲に加盟店を広げていくべきだったのです。

　それゆえ、めぐりんポイントが再スタートを切るときは、核となるエリアを探しました。

　簡単に見つかったわけではありませんでしたが、私たちは幸運にも地元の高松兵庫町商店街から声をかけていただきました。

　あるとき、兵庫町商店街振興組合の理事長から、イオングループのWAONのようなICカードを導入したいという問い合わせがあったのです。くわしく話を聞くと、電子マネーやポイントサービスを使って商店街に来るお客様のサービス向上のための施策を検討しているとのこと。さっそく、ご当地WAONカードを活用した電子マネー決済と地域ポイントサービスという企画を提案したのでした。

当時、とても印象的だったことがあります。それは、高松兵庫町商店街の理事長のリーダーシップです。

　商店街組合が何か施策を始めるときによくあるのが、「業者を呼んで丸投げ」です。加盟店向けの勉強会を開催し、そのあとは業者が各加盟店へ説明に回ります。ところが、当時の理事長は私たちと一緒に一軒ずつ回ってくれたのです。

　ふつうはこんなことはありません。勉強会を開いたら「あとは、よろしく」だからです。地域にはリーダーシップを発揮するトップの存在が不可欠だと、あらためて思った出来事でした。

　理事長の問い合わせから4カ月後の2010年1月、高松兵庫町商店街の飲食や物販店を中心に32店舗導入していただきました。こうして地域ポイントの一つの核が出来上がったのです。

　組合がまとまって加入してくれたことで信用も生まれ、格段に展開しやすくなりました。商店街を中心に加盟店数は伸び続け、毎年50〜100軒を超えるペースで増加していきました。

42 地域ポイントの媒体

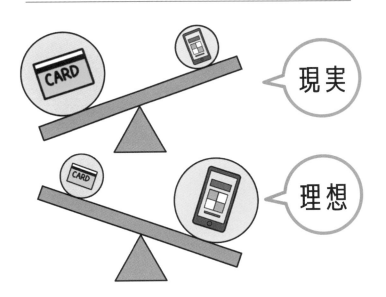

現実

理想

POINT

1　収益性の高い地域ポイントで手数料を稼ぐ。

2　現在はICカードの利用が9割。

3　今後はアプリの導入も視野に。

め ぐりんポイントは地域ポイントです。民間主導型で始める場合、運営コストを考えれば、より収益性の高い地域ポイントしか選択肢はありませんでした。1億円分の流通量（1億マネー／1億ポイント）があったとしても、地域マネーは200万円程度の手数料（通貨の決済手数料は約2パーセント前後）ですが、地域ポイントなら1億円の手数料が入ります（1ポイントにつき1円の手数料の場合）。

　地域通貨の媒体は主に紙、カード、スマホですが、めぐりんポイントはほとんどがICカードで利用されています。すでに地元で利用されていたICカードの共通領域にサービスを相乗りする方式です。具体的にはイオンのご当地WAONカード、琴平電鉄のIruCaカードの一部、香川大学の学生証、高松市役所の職員証などが対象カードとなっています。

　通常のカードは、最初から目的を決めて作成するのが一般的ですが、自前でカードを普及させる労力が軽減されるメリットがあります。ユーザーが一番よく利用するカードにめぐりんポイントを貯めてもらうことができるからです。

　ただし、カード発行元のブランド力の影響を受けるため、ポイントサービスのプロモーションが重要になります。

　ここで、もう少しカードの仕組みを整理しておきましょう。めぐりんポイントはポイントサービスであるため、金融決済サービスとは少し異なります。簡単に言えば、クレジットや電子マネーなどの金融決済サービスは「お金」、ポイントサービスは「おまけ」です。兵庫町商店街で導入した際も電

子マネーWAONとめぐりんポイントという2つのサービスが1枚のカードに集約され、1台の端末機で処理できるというサービスを提供したのです。もちろん、WAONのほかに先ほど紹介した大学の学生証や市役所の職員証などでもポイントを貯めることができます。さらに、めぐりん単体のポイントカードもあり、地元のボランティアカードや飲食店のオリジナルカードに相乗りしているケースもあります。

　カードユーザーは、自分が普段から利用するカードを購入または入手し、そのカードをめぐりん加盟店で提示するとポイントがゲットできます。

　また、カードが利用できる加盟店になるためには、専用の端末機を設置してもらうことになりますが、お店のニーズに合わせてポイント専用の端末にするのか、電子マネーとクレジットなどの金融決済との一体型端末にするのかなど、必要に応じたハードを設置しなければなりません。

　めぐりんポイントはスタートから2〜3年後にスマホでポイントを貯めるシステムを搭載しました（おサイフケータイが付いているスマートフォンのみ）。

　今後の課題の一つはアプリの導入です。現状では、9割以上がICカードによる利用です。カードはお客様にとって持ちやすくわかりやすい媒体なので、とても使いやすいのですが、アプリのような情報発信、新たなメニューの追加や削除ができません。まだまだデジタル格差の問題はありますが、カードと併用しつつも少しずつ移行したいと考えています。

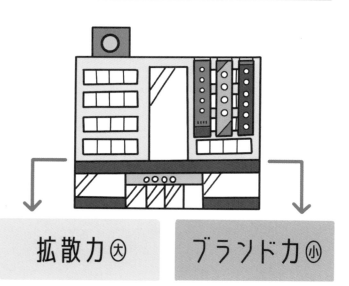

拡散力 ⑤

ブランド力 ⑩

POINT

1　ユーザー像をイメージし、年間行事に合わせた
プロモーションを。

3　めぐりんポイントは「WAONカード」のおかげで急伸。

地域通貨は地域住民に使ってもらわなければなりません。最初は認知度がありませんから、ターゲティングとマーケティングをしっかり行い、具体的なユーザー像をイメージして、ユーザー確保のためのプロモーションを行っていきます。

　地域イベントやお祭りなどの年間行事を可視化していれば、それに合わせた計画を立てることができます。

　私たちが行ったプロモーションの一つが「来店ポイントのキャンペーン」です。お店に来店するだけでもらえるため、来店動機を誘発するという内容です。

　プロモーションの計画を立てたのは、再スタートを切ってからです。コンセプトを練り直し、加盟店が200ぐらいになってから始めました。

　ただ、ここで種明かしをしてしまうと、ユーザー数獲得に大きく貢献したのは「WAONカード」のおかげです。カードの販売はイオンの店舗でも販売されており、そのため認知度も徐々に高まっていきました。イオンの協力がなければ、めぐりんポイントが広がるスピードはもっと遅かったといっても過言ではありません。

　最初のカード配布は、3万枚でした。加盟店やイベントで配布するだけでなく、イオングループ各店舗でもどんどん販売されました。300円で販売していたため、300ポイント入りでカードを販売するなどのキャンペーンも行っていました。

そして、毎年数万枚ペースで普及していきました。

　ただし、WAONの影響力は非常に強いので、最初のころは「めぐりんって、WAONカードでしょ？」という方がいらっしゃいました。イオンの店舗でカードを入手した人のほとんどは「WAONカード」という意識で購入していたため、当然めぐりんポイントの利用率は上がらず、めぐりんとしてのアクティブユーザーはなかなか増えないという状況でした。しかし、両方のサービスが一度で受けられる端末機があったため、「WAON」も「めぐりん」もダブルで貯まるお店はあり、それを利用した「ダブルポイントキャンペーン」を展開したり、先に触れた来店ポイントを実施したりして、認知度を高める施策を行ってきました。

　現在の状況は、カード発行枚数は20万枚、アクティブユーザーは3〜4万枚ほどですが、新型コロナウイルスの影響でお店の売上が落ちているため、ポイントの数字もあきらかに落ちています。ポイントは、消費増税前の駆け込み需要のときや今回のコロナの影響のようにマーケットに敏感に反応します。ポイントはお店の売上に影響するので仕方ないのですが、まだまだ実態経済に影響を受けており、本来の地域ポイントの姿に達していないという意味でもあります。

　そこで、今は行政や企業にポイントを付与してもらう活動や寄付先を充実させて、ポイントの存在意義を模索しています。また、加盟店が停滞する今、ポイントの供給、つまりポイント発行側のプレイヤーを増やしているわけです。

44 加盟店数は500超

困りごとは
ありませんか

○○について
困ってます

SHOP

営業

POINT

1 初期の段階では加盟店とユーザー両方を増やす。

2 行政や企業によるポイント付与を増やせば、加盟
店はどんどん増える。

3 加盟店には定期的なフォローも大事。

め　ぐりんポイントが広がりはじめたのは、3年くらい経ったときです。上がっては下がりをくり返しましたが、商工団体や個人商店、企業など、さまざまな分野の事業者や団体に声をかけることで、徐々に拡大させてきました。

　加盟店を増やすかユーザーを増やすかの卵か鶏かの話になりますが、同時に展開することが初期の段階では必要でした。たとえば、夏祭りに2万人の来場者が見込まれている場合、来場者全員にユーザーになってもらう仕掛けを行い、そのユーザーを加盟店へ誘客し、ユーザーと加盟店を同時に獲得する施策を講じたのです。

　または、プレミアムポイント事業のように、インセンティブをプレゼントすることで一気にユーザーを増やし、加盟店への来店を促す施策も有効です。行政や企業がどんどんポイントを降らせば、ポイントの受け皿が必要になるからです。加盟店への営業と合わせて、行政や企業への働きかけも積極的に行いたいところです。

　加盟店への営業で大切なのは、理念を説明するのと同じくらい、目に見えるメリットも説明することです（131ページ）。めぐりんポイントの運営は現在、加盟店からのシステム利用料と手数料で成り立っていますが（理想はポイントの手数料だけで運営すること）、加盟店は月額利用料と天秤をかけて判断しているからです。

　お店側から求められているサービスが何かを意識しながら、対応していくことが必要不可欠です。

🔳 広告宣伝（フリーペーパーやホームページ、SNSなど）

　めぐりんポイントの広報は、地元スーパーのマルナカ64カ所、県内の一部のイオン各店、香川大学、商店街や郊外のめぐりん加盟店など約500カ所で3カ月に1回、3万部配布するフリーペーパー『MEGURIN』や、地域ポータルサイト、SNS（Instagram、Facebookなど）の主に3つの媒体で同時に店舗情報を告知できることで、これまでPRできなかったユーザーに向けて情報を発信しています。

🔳 共通ポイントによる地域連携

　共通ポイントサービスの加盟店数は県内ナンバー1です。約500店舗で共通利用されている地域ポイントは異業種の加盟店とのポイント連携を図っています。

🔳 カードユーザー数

　約20万人を対象にポイントサービスを提供することができます。

🔳 顧客管理サービスの活用

　顧客管理システムの利用により、お客様情報を簡単に登録することができ、カードユーザーの利用履歴の閲覧ができます。カードユーザーの詳細情報を確認することにより、利用頻度の少ないお客様へDMを送ったり、誕生日の方にお店からサービスのお知らせをしたりするなど、状況に合わせた的確なアプローチができます。

ただし、このサービスはこちらが分析をして、使い方など
をよほどレクチャーしなければ、システムだけを提供しても
自主的に利用する加盟店はまったくないと言っても過言では
ありません。

　加盟店を増やすためには、新規開拓だけでなく、フォロー
も同じくらい大事です。現在の500店舗という加盟点数を
キープしているのは、営業がフォローを欠かさないことが重
要です。よっぽどのメリットがあれば別ですが、地域通貨を
続けていくためには、こまかいフォローを続ける必要があり
ます。

45 めぐりんポイントの現在地とこれから

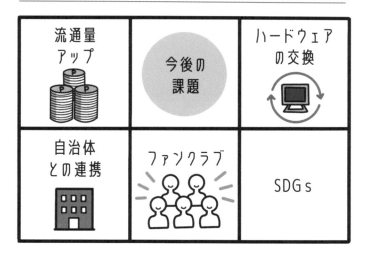

1　ポイント流通量、流通速度のアップ。

2　ハードウェアの交換。

3　自治体との連携。

4　めぐりんファンクラブ。

5　SDGs。

|め| ぐりん事務局にとって、これから改善・強化していかなければならない点は、次の5点です。主に運用面での改革が必要にはなっていますが、ハードとソフトの両面がバランスよくリニューアルされることが、今後の行末を左右すると思っています。

① ポイント流通量、流通速度のアップ

　現在、約500カ所の加盟店がありますが、買い物だけのポイント発行量ではなかなか循環が期待できず、加盟店が疲弊してしまいます。地域ポイント事業を成功させるためには流通量の増加と流通速度を上げることが必須です。そして、そのための地域の協力者が必要です。

　具体的な施策の一つは、企業が社員の健康へのインセンティブを地域ポイントにすること。これだけで流通量が一気に増加します。たとえば、カードユーザーが1000ポイントを貯めようとすると、通常は100円につき1ポイントの付与率であるため、10万円のお買い物をしなければ貯まらず、かなりの時間を要します。もし、企業が社員の健康への取り組みに対して1人当たり1カ月1000ポイント渡すだけでも、流通量と流通速度へのインパクトは大きくなります。さらに、社員全員が対象になるため、まとまっためぐりんポイントが地域へ流れ込みます。もちろん、取り組む企業にとってのメリットやメンテナンスをしっかりと行う必要があることは言うまでもありません。

　2018年4月からスタートした取り組みですが、現在は約1000名が参加しており、当面は現状の約3倍にあたる3000名の参加を目標としています。そして現在、高松市のスマートシティ協議会の分科会で、健康経営ワーキングを立ち上げ、特定健診や医療費データのほか、歩数や日常の健康行動に関するデータ、ポイント利用情報なども収集。これらを統合・分析することを可能とするデータ基盤を整備しています。今後は、市町や保険者、企業などと連携し、より効果的な保健事業の発展につなげるデータを構築するため、個人の健康課題の解決と新規事業開発に資するデータ基盤を整備する共通プラットフォームの構築・運用を検討しています。

2 ハードウェア（端末）の交換

　現在、ポイント専用端末と電子マネーやクレジット一体型の端末機など、加盟店のニーズに合わせて提案しています。
　しかし、ハード本体の対応年数は5年程度で限界が来るため、ちょうど入替の時期にきており、ハードをリプレイスする必要があります。ただし、端末の開発費や契約上の問題があり、そう簡単には移行できない状況です。クレジットカード、非接触ICカード、QRコードと、決済やポイントを処理する規格がバラバラで、端末機も各メーカーがさまざまな機種を出しています。そして、決済サービスを導入するためには信用調査もあり、すべての加盟店に導入できるとは限らないため、端末のラインナップも何パターンか必要になってしまいます。

キャッシュレスと一言で言っても、決済サービスとポイントサービスの考え方を整理して、今後のことを考える必要があります。これは、導入の際にもよく考えて展開することをオススメします。

③ 自治体との連携

通貨にとって重要な信用がまったくない状態で、民間のみの立ち上げにより現在に至ってはいますが、行政との連携は地域ポイント事業を推進する上で欠かせません。めぐりんポイントを継続的に活用していただいているセクションは2つ。2017年から始まった高松市の特定健診受診者へ抽選で500名にポイントをプレゼントする「行ってんMy（マイ）健診」と2018年5月から始まったマイナンバーを活用した自治体ポイント（高松市ポイント）との交換サービスです。

他県で積極的に推進している自治体は、政策課を中心に各部署からさまざまな市民サービスに対するインセンティブを地域ポイントで払い出しており、年間1000万ポイント程度の予算を組んでいるところもあります。

ここで課題になるのは、自治体の予算化の問題です。正直なところ、担当者や時のリーダーの裁量によって左右されるため、同じ価値観でやる気のある方と一緒に自分たちの未来のまちづくりを話し合い進めることが重要です。

このような前提を踏まえて、今後、めぐりんポイントを活用してもらえるような取り組みを考えていかなければなりま

せんが、ある程度汎用的に活用できる地域ポイントは、さまざまな問題の解決の一助を担うことができるはずです。たとえば、子育て支援策として子どもがいる家庭に現金で給付しています。これを一部めぐりんポイントで給付することができれば、現金のように域外で使用されることはなく、地元の商品やサービスと交換することができます。最終的に、国民の義務である税金を円ではなく地域ポイントで支払うことが可能になれば、円を稼ぐことが苦手な人でも地域活動で貯めたポイントで支払うことができ、その地域へ郷土愛が深まるのではないでしょうか。

　現在は、金融機関等が介在する形で、一部の地域通貨が納税できるようになってきていますが、本当に地域通貨事業を広げるためには法的な規制緩和も含めて、改善していく必要があるかもしれません。

④ めぐりんファンクラブ

　めぐりんポイントを利用するカードユーザーは、大きく2つに分かれます。一つは、普段から自分がよく行くお店がいくつかあり、どこに行っても同じポイントが利用できるため、貯めやすく使いやすいというお得感や利便性を重視するユーザー。

　もう一つは、誰かの役に立ちたいという奉仕の精神（エシカル消費）で利用しているユーザーです。どちらが良い悪いではなく、いずれのユーザーにもめぐりんのファンクラブ化を図りたいと考えています。そのために、ユーザーの利用度

合いによってステータスが変わるような仕組みやめぐりんファン感謝デーのようなイベント、キャンペーンなどを定期的に行う必要があります。不特定多数で幅広い層がカードユーザーであるため、すべてのユーザーの満足度を上げることは困難ですが、地域ポイントならではの特典を用意し、キャッシュでは購入できない特別な商品やサービスを地域全体で作り上げていきたいと考えています。

5 SDGs

　SDGsとは2030年までに世界の人全員で協力して解決したい目標で大きく17、具体的な169のターゲットで構成されています。この17の目標にみんなで取り組むことで、世界中の人々がより豊かで安心安全な暮らしができる目的を果たそうというものです。

　この中で地域課題とも共通な目標もあり、住民一人ひとりがSDGsに取り組むことは世界中の目標でもあります。

　まずは、自分の近くにある地域ごとの豊かな地域づくりを目指して、SDGsに取り組むことが大切です。その継続、動機付けとなる一つの方法として地域通貨を活用することは、あらゆる方面の力を集約させ継続させることが可能になると考えています。

46 地域通貨のキャッシュレス化とDXの関係

POINT

1 キャッシュレス化の目的は業務の効率化や利便性の向上。

2 **DXの目的はキャッシュレス化を手段として、**

サービスやビジネスモデルを変革すること。

D X（デジタルトランスフォーメーション）とは、経済産業省が発表した「DX推進ガイドライン Ver.1.0（平成30年12月）」に、以下のように定義されています。

「企業がビジネス環境の激しい変化に対応し、データとデジタル技術を活用して、顧客や社会のニーズを基に、製品やサービス、ビジネスモデルを変革するとともに、業務そのものや、組織、プロセス、企業文化・風土を変革し、競争上の優位性を確立すること」

これまでお話ししてきた通貨の世界も正にDXの入り口に立っており、江戸時代の藩札、つまり紙や貨幣などの決済手段から、今ではアプリで決済できるキャッシュレスになっています。

そこで、地域通貨の「キャッシュレス化」と「DX」の違いとはどういうことかを少しご説明します。

まず、地域通貨のキャッシュレス化とは、業務の効率化や利便性の向上などを目的として、デジタル化を推進しているのに対して（122ページ）、DXはキャッシュレス化を手段として、サービスやビジネスモデルを変革することが求められています。

経産省の報告によれば、「IT人材の不足」や「古い基幹システム」の障害により、2025年から2030年までの間に、年間で最大12兆円の経済損失が生じる可能性があると言われ

ており、これが俗に言う「2025年の崖」です。

　逆に、DXを推進することができれば、2030年には実質GDPにおいて130兆円の押し上げを期待できると言われており、少子高齢化によって労働人口が減少しつつある日本では、ビジネスモデルの変革を行い、レガシーシステムの刷新やIT人材不足を解消していかなければなりません。日本の国力低下を招かないためにも、こうした環境の変化に順応し、DX化を図り企業が変革を起こす必要があります。

　地域通貨も、デジタル化によるDXのためのインフラ整備を行い、商品券事業や給付金などの事業を通じて、これまで紙では正確に把握できなかった決済・購買データと属性情報などを取得し、地域経済やコミュニティーの活性化に必要なデータを集めることができるようになります。

　そして、感や経験にだけ頼るのではなく、多岐にわたる膨大な情報（ビッグデータ）をAIなどによって処理された分析結果をもとに、政策の意識決定や課題解決などを行い、デジタル地域通貨を活用して、必要なところに必要なお金を供給し、人やコトやモノ、そしてお金の流れを作っていく。その結果、デジタル地域通貨という地域活性化のための潤滑油が、日本の未来の一つの礎となり、「ふるさとの愛とありがとうをかたちに」することができるはずです。

おわりに

　私は香川県で海や山、川に囲まれ、たくさんの自然の恩恵を受けて育ちました。子どもの頃は、いつも近所の誰かと一緒に遊んでいたものです。春には蓮華の花をつみネックレスを編んでみたり、草を踏み固めて基地を作ってみたり、夏には川で魚を、山ではカブトムシやセミをつかまえたり、秋には隣の家で実った柿をもぎ、皮もむかずかぶりついて食べたり、冬には田んぼの中で藁を使ってさつま芋を焼いて焼き芋にして食べたり、と。四季折々に合わせ、知恵を絞って遊んでいました。

　その頃の想い出は色あせることなく、昨日のことのようです。大人になった今でも、時間があればできるだけ自然の中に身を置き、当時の楽しかった映像と匂いを心地よい感覚として思い出しています。日常の足早な時間の流れの中にも、そうしたゆらぎがある時間を持てるのは、ふるさとのなかで体感した、自然に恵まれた場所とルールに縛られないコミュニケーションがあった時間のおかげだと思っています。

　香川県では、あちらこちらで「ため池」を見ることができます。香川県は瀬戸内海気候で降水量が少ない上に、面積が小さいため、川の長さも短く、昔から水不足に悩まされていました。そこで古代から長年に渡り、ため池を大切に利用してきました。雨水を貯めておくために池を作り、田畑に水が必要な時期が来ると、ため池から水を放水し、水路を通して

田畑へと水は運ばれます。田植えの時期になると、ため池から流された水が水路に勢いよく流れる様子がよく見られます。その水が田畑に届き、稲を育て、実ったお米を収穫するのです。降水量が少ない土地で作物を育てていくための先人たちの知恵です。

　私にとって、地域通貨はこれに近いイメージです。雨が降りにくい土地で、少ない水をできるだけ効率的に地域で活用していくために、恵みの雨（地域のお金）をため池に貯めて置き、水が必要な時期になると、水路（地域通貨）使って、小さな田畑（地域）にまで水を流す。水路（地域通貨）を引くことで、必要な時期に必要な場所（地域）に水（お金）を流すことができます。せっかく降った雨も、何もしなければその土地にとどまることはできません。お金も何もしなければ地域外へと流れていってしまうのです。
　地域通貨のように、一定の雨水（お金）が限定された場所へと流れる仕組みを作っておくことは、今後の地域においては大切なことだと思います。

　本書に書いたとおり、地域通貨の事業をすることが目的ではありません。地域通貨の目的は別々のものをつなぎ、新しい価値を生み出し、地域で役立つ仕組みを作っていくことです。１＋１が２ではなく、無限大の可能性があるのです。

先ほどの水不足という問題においても、ため池と田畑を水路で結ぶことで、多くの田畑にまで、雨水を流すことができます。

　これと同じように、知恵を絞り何かと何かを結ぶことで、新しい何かを生む化学変化がきっと起こるはずです。

　最後に、香川県の地域ポイント屋（めぐりん事務局）は、たった5名（2021年5月1日現在）で運営しています。少し古いですが、ゴレンジャーならぬ、自称メグレンジャーです。

　営業、取材、広報業務、精算業務など、すべての地域通貨の運営にともなう業務を5名のチームで行っていますから、立ち止まって考えている時間もあまり持てなかったのが事実です。

　問題が起きてもつねに走りながら考えてきましたから。正直、チームの中の誰一人いなくても成り立たないでしょう。それでも、素人が集まり、これまで何とか事業が継続できたのは、メグレンジャーの共通認識である「ふるさとの愛とありがとうをかたちに」という経営理念＝ものさしを一人ひとりが持っているからだと思います。少し遠回りはしているかもしれませんが、これでよいと思っています。

　本書もめぐりん事務局のメグレンジャーととともに、良いことも悪いことも経験しながら作ってきたものを基準に書きました。

　設立から12年が経った今でも、まだまだ私たちが目指している成功までは至っていません。

　それでも、これまでの経験を生かし、地域に役立つ仕組みを構築し、未来の子供たちに愛とありがとうがあふれる、すばらしいふるさとを継承していきたいと思っています。

　本書が地域活性化を目指している方々に、想いが少しでも伝わり、役立つヒントになれば幸いです。

イラストで学べる
地域通貨のきほん

2021年7月15日　第1刷発行

著者	大澤佳加　為田洵（イラスト）
編集人	佐藤直樹
デザイン	華本達哉（aozora.tv）
発行人	田中辰彦
発行所	株式会社 白夜書房
	〒171-0033　東京都豊島区高田3-10-12
	[TEL] 03-5292-7751
	[FAX] 03-5292-7741
	http://www.byakuya-shobo.co.jp
製版	株式会社 公栄社
印刷・製本	大日本印刷 株式会社